南宋書房
NANSONGBOOKS

何为生活，何以为美？

前言

中国书法是一门古老而独特的艺术，具有鲜明的审美特征。在历史上的不同时期，书法美学的表现形式也存在着巨大的差异。从商代的甲骨文、金文到秦汉小篆、隶书的产生和发展，再到东汉、魏、晋时期，草书、行书、楷书诸体基本定型，书法时刻散发着古老艺术的魅力。追寻三千多年的书法发展足迹，我们可以清晰地看到书法的发展与社会同步，能够准确地反映每个时代的精神面貌。

宋代是一个文化发达的时代，有一大批在青史上熠熠生辉的文人学士，使得宋代的文学、绘画均取得了极高的成就。宋代的书法也毫不逊色，它承晋继唐，上接五代，又开创了一代新风。如果说晋代书法"尚韵"，是"气韵""风度"的体现，隋唐五代的书法"尚法"，是求"工"的体现，那么宋代的书法"尚意"，则以一种抒情的新面目出现在世人面前。

宋人认为，书法除了具有"天然""功夫"两个层次外，还需要有"学识"，也就是"书卷气"。宋代正处于"国家多难而文运不衰"的时期，文人墨客对现实不满，以书达意，让宋代的书法有别于以往的各朝各代。宋代书法不是简单地否定唐人，也不是单纯地回归晋人，而是以一种标新立异的姿态，让学问之气盘绕于笔墨之间，营造一种新的审美意境。正如苏轼所言：“吾书虽不甚佳，然自出新意，不践古人，是一快也。”

单从草书一体而言，宋代整体成就终不能与唐相抗衡。但是从宋人存世的草书作品来看，以宋代皇室太宗、真宗、仁宗到徽宗、高宗为代表，都笔法精良。而被推崇为“尚意书风”典范的宋四家——苏、黄、米、蔡，更一改唐楷面貌，接续晋帖行书遗风，造就了宋代书法的最高成就——行书。

宋代书法经历了平庸复兴、尚法崇古、尚意三个阶段。宋太祖赵匡胤君临天下后，提倡文治。宋太宗也雅好翰墨，遣人购摹古帝王名贤墨迹，又命王著厘订，编为《淳化秘阁法帖》，从此便打破了前人法度，开辟了宋代书法的新道路。宋代涌现出数之不尽的书法家，如名臣蔡襄，忠直公正，写得一手端庄典雅的楷书；大文豪苏轼，生性豪放直爽，他所写的行书，无

一不满载着自由奔放的气息；黄庭坚生于书香世家，他所挥之字，体现浓厚的文人素养，又带着新颖的理念……

唐代张怀瓘曾用“无声之音，无形之相”来形容书法，寂静无声中可听见朝代间的喧哗变迁，无样无貌下却可描绘出大千世界的星光点点。宋朝既是辉煌的，也是悲凉的。书法亦是如此，它受作者不同情境的影响，有辉煌的时刻，也有悲凉的命运。当书法遇见宋朝，与其说它是在呈现一段历史，不如说它就是那段历史背后的繁华与纷争本身。

本书共介绍了十一位宋代书法大家及其书法名作，除了聊聊书法上的那些事儿外，还讲述了每一位书法大师背后的故事。宋代最贵的纸“澄心堂”，蔡襄、黄庭坚为之心醉；苏轼最爱的酒是洞庭春色与中山松醪，他一生被贬数次，海南儋州是他被贬生涯的终结；黄庭坚是个十足的“吃货”，但他也写出了最霸气的草书；米芾的珍爱之宝是一盏砚台；岳飞的偶像

是诸葛亮；朱熹眼中的长沙繁华程度堪比京都……

书法在一段段历史故事中不再是单调生硬的一笔一画，而是生动饱满的人物事迹与时代背景。从这些书法作品和书法家的故事中，可以真正读懂宋朝的悲与喜，看懂这些或方或圆、或端正或潦草的文字。

目录

苏轼 词好、文好、字更好

文天祥　南宋最后的民族英雄

蔡襄
宋代书法界的“老大”

《澄心堂纸帖》书法大师与纸的二三事

“哒哒、哒哒……”暖青色的园子里，传来急促的脚步声。来人沿回廊直奔尽头处的书房。透过微微敞开的窗户望去，蔡襄端坐于案边，坚洁的宣纸上方衣袖随着挥毫而飞舞起来。

来人行至门前，稍换了口气后，轻轻叩响房门。蔡襄微微皱了下眉，暗暗感叹：今日之字，不尽如人意。他放下手中墨笔靠向椅背，淡淡地说：“管家吗？何事？”

“阿郎，今日院中人上街采买，无意间得到一物。”管家微微低着头，言语中带着一丝喜悦。

“进来吧！”蔡襄平静地说道。

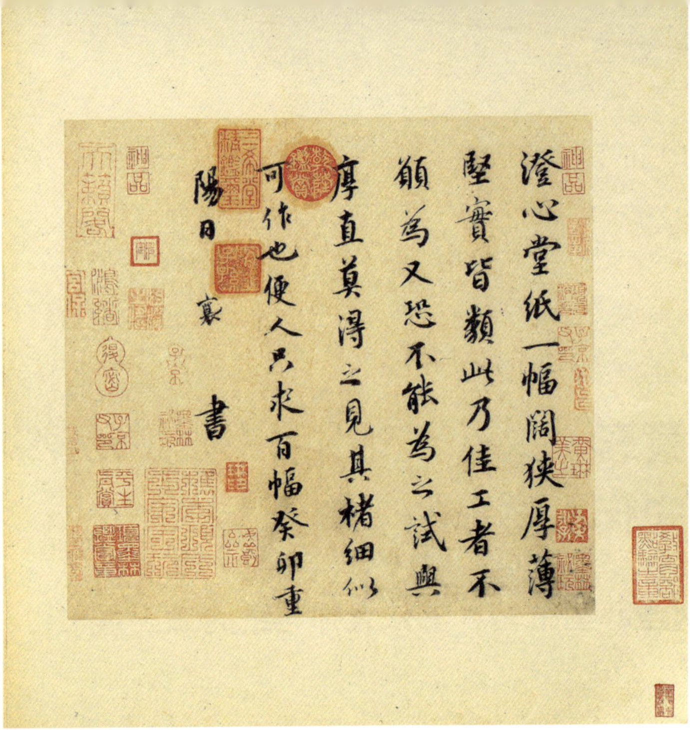

管家轻轻推开房门，将手中的一卷书纸恭敬地呈给蔡襄。蔡襄微微抬头，惊喜之色溢于言表。他站起身来，仔细地打量起这卷书纸：洁白无瑕，好似明媚皎月。蔡襄情不自禁地摩挲纸张，滑如卵膜，坚洁如玉，细薄光润，令人不忍释手。

“阿郎，听闻澄心堂纸一直很难寻得，此次也只是得到了这一卷。”管家微微抬头，偷偷看着蔡襄喜不自胜的神色，忍不住开口说道。

“你有所不知，南唐违命侯（李煜）极爱作诗挥墨，对好纸更是情有独钟。当时宫中有一处藏书阁名叫澄心堂。违命侯为了制出纸中珍品，特设官局督导匠人们研制此物。传说他自己更是执着，每日必至，衣不解带，精心研究，与匠人们同吃同住。更有甚者，他广施钱财，遍寻造纸高手。城中因此纸坊遍地，只为博违命侯一悦。皇天不负有心人，多年之后，违命侯终于制出纸中极品，并将澄心堂作为此种书纸的名字。”蔡襄恍恍惚惚地说着，似是来到了澄心堂大殿中，看到了李煜与工匠们一起造纸的场景。

窗口的一阵风吹落了案上的澄心堂纸。蔡襄如梦初醒，急声对管家说道：“快，将纸捡起来！一定要小心些！这澄心堂纸的造纸技法自南唐灭国之后便已失传，想要寻得此等宝物真可谓大海捞针。”

管家闻声小心翼翼地捡起纸张，恭恭敬敬地放在蔡襄手上，又迅速将半开的窗子关上。待妥善放置之后，管家轻轻吁了一口气，扭过头去擦了擦额上的汗珠，如释重负。蔡襄察觉到管家的惊慌失措，不由得大笑起来：“我不是怪你。我已年过半百，平生阅历无数，奇珍异宝不过是过眼云烟。但这纸张对我来说实为珍贵……不过如此好纸，放着实在可惜，不如今日就在此挥毫。”

话语刚毕，蔡襄便皱眉深思。少顷，他弯腰提笔，管家即刻研墨。随后，蔡襄屏气凝神，在纸上挥洒自如：

> **澄心堂纸一幅，阔狭、厚薄、坚实皆类此，乃佳。**
> **工者不愿为，又恐不能为之。试与厚直，莫得之。**
> **见其楮细，似可作也。便人只求百幅。**
> **癸卯重阳日，襄书。**

一炷香的时间过去了，蔡襄站直了身体，看着纸上的字展露笑颜。管家挪了挪身体，只见宣纸上的文字用行楷写成，字与字的横宽纵长被蔡襄把握得非常严谨合则，一笔一画中透露出平和的心态和笔意。

“今日之字，甚是顺心。我为此纸打了个样，你可传给他人观看。如再遇此纸，定要好好保存，说不定还能寻到可以制出澄心堂纸的高人。”蔡襄说完便缓缓趋至门外。正值秋高气爽、阳光明媚的季节，金色的阳光照耀在别致的院落之中，婉转的鸟鸣声在空中回响。他捋了捋花白的胡须，笑盈盈地看着眼前的美景……

蔡襄是北宋著名的书法家，擅长楷书、行书和草书，其中行书写得最好，楷书第二，草书再次。蔡襄的书法雄浑大气之中带着一股朴实淡然。大文豪苏轼曾在《东坡题跋》中赞叹：“独蔡君谟书，天资既高，积学深至，心手相应，变态无穷，遂

为本朝第一。”足见其书法在北宋地位之高。

这卷《澄心堂纸帖》寥寥56字，内容虽简，却足以显现出蔡襄行楷的刚劲健雅、飘逸简练。他的书法不仅浑厚潇洒，字里行间还暗藏着丰富多变的玲珑心思。展开这卷《澄心堂纸帖》细细品看，淳淡雍容的字体中，包含着宋人独特的内敛品行。恍惚间，似有高山流水叮咚而过，也如暖风拂面而来。

好字当然要配好纸。自古代四大发明中的造纸术兴起以来，纸业不断发展和变化。宋代，技术上的日益成熟使宋纸的种类也逐渐多样化。

除了千金难买的澄心堂纸外，宋代公认最好的纸为“玉版宣”。这是一种洁白如玉的贡品宣纸，主要由檀树树皮与优质稻草制作而成，质地光滑圆韧，有“色理腻白，性柔细薄，既光且坚，久藏不蛀”等特点。

北宋仁宗至和元年（1054），贡品中出现了一种特殊的用桑树皮加工而成的纸张。它的质地十分坚韧，一面光滑，一面粗糙，深受文人墨客的喜爱，还曾在学者中间掀起过一阵热潮。此纸对墨色的反映十分忠实，很容易给作品带来一种古色古香的雅味。这种特殊的纸来自温州一带，被朝廷命名为“温州蠲纸”。

此外，宋代的鸦青纸也十分别致。它的颜色是暗青色，比正青色更为淡雅，常常被用来装饰物品小件。宋代还有金粟纸、碧纸等许多有趣的纸。纸的发展不仅体现了宋代造纸技术的发达，更彰显出宋代文化的繁荣。

字如其人，人生若梦。蔡襄挥毫，挥洒出的是宋人对精神文明的追求。行云流水间已是千军万马之力，淡然处世中乃是一心为民的品行。这卷横 27.1 厘米、纵 24.7 厘米的《澄心堂纸帖》，收藏在台北故宫博物院中。

《万安桥记》碑帖 跨越六年的巨大工程

北宋仁宗庆历八年（1048）。

狂暴的大风骤然来临，大雨瓢泼不停，砸向泉州（今福建泉州）城中慌乱的人群。屋外是鬼哭狼嚎般的风号雨啸，而屋内灯火的微光轻轻笼罩在蔡襄的脸上，看似波澜不惊的面庞上，隐隐透露出一丝焦躁与担忧。这注定是个漫长的夜晚。不知不觉，筋疲力尽的蔡襄倚靠着身侧的床榻沉沉地睡了过去……

翌日，温暖的日光透过房门照在蔡襄的身上。蔡襄顿觉暖意袭来，不由得惊醒，赶忙走向屋外，看到了被狂风暴雨蹂躏一整晚而残破不堪的院落。他急声向近旁侍卫问道："城中什么情况？"

"回太守，伤亡百姓和房屋损失还未完全统计出来。但昨夜洛阳江水暴涨，情况堪忧……"侍卫隐忍着，将头埋得越来越低，似是害怕自己因城里满目疮痍的景象而泪流满面的

泉州
萬安

状态会被太守小看。

蔡襄不待侍卫把话讲完便夺门而出，惶恐不安地骑上骏马，直奔洛阳江边。洛阳江边的悲惨哭声和着凄厉的风声不绝于耳。江水虽缓，却依然浩浩荡荡。男女老幼或躺或坐或站于江边，仰天号啕：一哭卷入江水中的亲人，二哭化为乌有的劳作，三哭天不悯人的灾祸。蔡襄早已热泪盈眶。洛阳江中由工匠李宠修建的简陋浮桥，早已被风浪摧毁。温和的阳光照在眼前的断壁残垣上，格外刺眼。蔡襄眉头一紧，思索许久才转身离去……

北宋仁宗皇祐五年（1053）。

“启禀官家，泉州时常遭受台风暴雨的侵袭。房屋倒塌、死伤者众更是常事，百姓苦不堪言。眼下城中洛阳江形势最为紧迫，每每遇到大风雨，浮桥总是被冲垮毁坏。无桥便无法渡江，百姓无法渡江就无法重建家园。望官家准臣建桥！”恢宏敞亮的宫殿之中，蔡襄激动地跪在殿中央。两侧的大臣恭敬而立，头微微低下，大殿中静极了。宋仁宗身着帝服，头戴长翅帽，端坐于龙椅上，双目紧闭，脸庞安详。无人知晓此时他波澜翻涌的心思。

蔡襄紧盯仁宗许久，开口道：“官家……”宋仁宗抬手示意其不必多言，叹了一口气，睁开深邃的双眼，平静地说道：“爱卿这五年来不断为泉州洛阳江建桥一事上奏，朕深为感动，也不是没有考虑。想当初为了争夺燕云十六州，宋辽之战长达 25 年，我朝国力早就不似从前了。后来好不容易停战，与辽国签订了澶渊之盟，我朝每年将十万两白银和二十万匹绢进献于辽国。可辽国竟然还贼心不死，求索无厌。为稳江山百姓，我们不得不追加十万两白银和十万匹绢。”说至此处，宋仁宗目光扫向殿下的大臣，语气变得气愤与无奈，他尽力恢复平静，继而说道，“治国需要钱，百姓需要钱，建桥需要整整一千四百万两白银，这并非易事……朕不是不懂百姓们的水深火热啊！”

大殿之上鸦雀无声。蔡襄缓缓低下头，片刻之后起身正要退下。宋仁宗急忙叫住了他：“君谟（蔡襄），朕说了，朕不是不懂百姓疾苦。此次准你建桥！钱的事朕自有安排。”蔡襄感激涕零，“咚”地一下跪了下来：“臣定不负官家之心。”

宋仁宗眼露笑意。

北宋仁宗嘉祐四年（1059），洛阳江上的万安桥终于赶在新年之前修好了。十一年前的那场灾难仍历历在目。蔡襄

泉州萬安渡石橋始造於皇祐五
年四月庚寅以嘉祐四年十二月
辛未訖功絫趾于淵釃水爲四十
七道梁空以行其長三千六百尺
廣丈有五尺翼以扶欄如其長之
數而兩之靡金錢一千四百萬求

站在刚刚竣工的桥上，望着波涛汹涌的江面感慨万千。曾经意气风发的脸庞如今已经显出些许憔悴苍老，花白的胡须在寒风中摇摇晃晃。不老才怪，他为了修建这座万安桥，整整耗费了六年的时间。六年中有数不清的不眠不休之日。

如今洛阳江上架起的不再是木板拼接而成的浮桥，而是有46座桥墩、500根石雕扶栏柱和28尊石狮的长达1200米的跨江接海大石桥。桥身上还雕刻着亭塔、武士图样，桥的两侧则种了700棵松树，寓意长久不衰。

百姓最为高兴。他们将万千盏好看的灯放入水中，祈求平安顺遂。热闹的欢呼声中，万安桥被灯盏照射得更加壮美。看着眼前的万家灯火照民安之景，蔡襄脸上浮起一丝笑意，再回想起建桥以来的种种不易，对身旁的随从说："取纸笔来，我要写一篇建桥记，让后人了解这桥凝聚了多少人的心力，铭记造桥不易。"

蔡襄提笔挥毫，很快，一篇已打好腹稿的建桥记便跃然纸上。"泉州万安渡石桥，始造于皇祐五年四月庚寅，以嘉祐四年十二月辛未讫功。累趾于渊，酾水为四十七道，梁空以行。其长三千六百尺，广丈有五尺，翼以扶栏，如其长之数而两之。靡金钱一千四百万，求诸施者。渡实支海，去舟而徒，易危而安，民莫不利。职其事者：卢锡、王寔、许忠、宗善等十有五人。既成，太守莆阳蔡襄为之合乐宴饮而落之。明年秋，蒙召还京，道由出是，因纪所作，勒于岸左。”全文共 153 个字，其中记载了万安桥建桥的时间、花销和负责人的名字等。通篇楷书，字大小匀称、间距相当，远看端庄俊美，近看又十分活泼有趣。

没过几日，两块高大的石碑运到了桥下。蔡襄书写的建桥记被工匠刻在了这两块碑石上。这两块碑石所刻因文字精炼，书法遒劲，刻工精致而闻名，世称文、书、镌“三绝”。

桥自北宋建成至今，千余年间，虽然改名为“洛阳桥”，但万安桥历经多次大大小小的修缮得以完整地保留到今天。蔡襄为大桥撰写的建桥记，也由于刻石立碑，一直保存至今日。只可惜当年原刻的两块碑石，一石已毁，后重刻。它们现在静静地立在福建泉州的蔡襄祠内，如蔡襄所愿，默默诉说着万安桥的建成史。

《昼锦堂记》“三绝碑”后的珍贵友情

昼锦堂里 友人再见

微蓝的天空上悠悠地飘着几片白云，远处传来了阵阵马蹄声。循着声音望去，只见一辆简洁的马车在一处气派的庭院前停了下来。宰相韩琦早已站在门前等候。待马车中的来人缓缓走出，韩琦立刻高兴地迎了上去：“永叔（欧阳修），可把你给盼来了！”

“我可是迫不及待想要来此呢！听闻你新建的书房宅院极是精美别致，今日刚好可以赏玩一番了。”欧阳修爽朗的笑声打破了宁静，一时间气氛竟变得格外热闹。

“谈不上精美，只不过如今年纪大了，一点雅趣刚好有了可以排解之处罢了。”韩琦笑着将欧阳修带进院落之中。只见宽敞古朴的院中精心摆放着奇花异草、山石物件，绿色的琉璃瓦沿着房屋的边沿一一铺开，正中间厅堂上“昼锦堂”三字的木制匾额高高挂起，一眼便可望见。

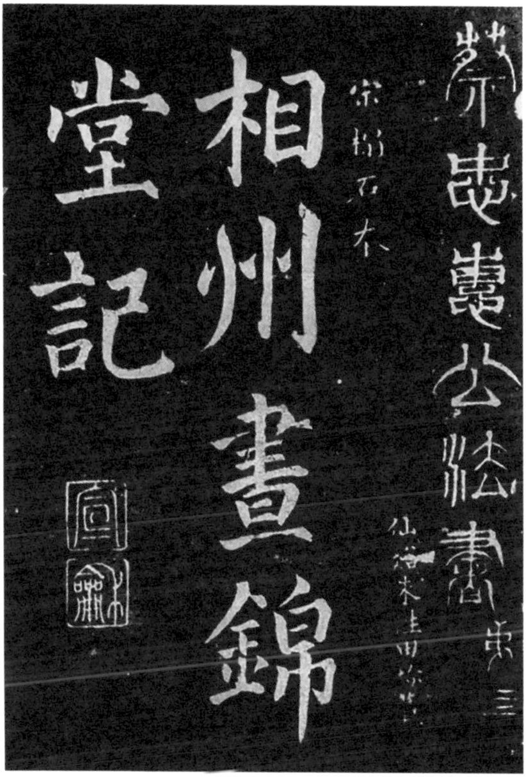
蔡忠惠公法書
宋拓石本
相州畫錦堂記

绕堂而行，东侧是幽静且风情独具的狎鸥亭，西侧是生机勃勃的观鱼轩，后面是别有情调的忌机堂，房与庭廊相连，中间还有一处休闲自在的鱼池——康乐园，韩琦最常光顾的书楼则在最后面。且不说韩琦的其他庭院，光是这处昼锦堂就已经非常惊艳，让人流连忘返了。

“稚圭（韩琦），你这一生当得起如此宝地。”欧阳修站在昼锦堂前仰天而语。

“呵呵，半生忙碌，不值一提。”韩琦与欧阳修并肩而立，顺着他望的方向看去，一抹浓浓的绿意已悄然爬上了墙头。欧阳修伫立许久，回过神来，说道：“我今日来此可不是白来的，凭我俩的交情，我定要为你这新落成的堂舍写篇题记。”

“哈哈哈，我也正有此意，巴不得你这大文豪留下佳作，为我新舍增添光彩呢！”韩琦不住地笑着。语毕，二人一同向书房走去，也将这份融融的暖意带进了屋内。

书房之中，欧阳修微微弯腰，挽袖提笔，定睛片刻便开始在洁白无瑕的宣纸上龙飞凤舞。韩琦直直而立，站在一侧，静静地看着欧阳修。许久，墨笔才被欧阳修轻轻搁置在桌边，韩琦已经拿起这卷《昼锦堂记》开始细细品读。

“然则高牙大纛，不足为公荣；桓圭衮裳，不足为公贵。惟德被生民，而功施社稷，勒之金石，播之声诗，以耀后世，而垂无穷……此句最得我心。”许是这些文字唤起了韩琦内心深处的回忆，他望着欧阳修，眼眸中满是炽热。

“我有一主意，不如让君谟（蔡襄）书丹，再找技艺高超的石匠，将此文刻于碑上，立于院中。君谟的字可是极好的。”欧阳修的眼眸中则净是对蔡襄的赞赏之色。

“好是好，可君谟惜字如金。当初张贵妃去世，官家（宋仁宗）追封其为‘温成皇后’，想要君谟为她书写碑文，君谟这直脾气竟当场拒绝。如今不知他肯不肯赏脸啊！”韩琦期待的面容中带着一丝丝顾虑。

“你且把这卷《昼锦堂记》拿给他看，他定会同意的。”欧阳修自信地笑了起来，爽朗的笑声穿过房门、楼台，回荡在清雅的院落中……

蔡襄展卷 感慨万千

今日阳光有些刺眼。蔡襄手端着一小碟鱼食立于庭院一侧的鱼塘边，颇有趣味地喂着池中锦鲤。管家不知何时已站在蔡襄身后，手中端持的托盘上整整齐齐地摆放着欧阳修所

仕宦而至
將相富貴
而歸故鄉

写的《昼锦堂记》。

“永叔写的吗？想让我为碑文书丹？”蔡襄并未回头，依旧悠闲地戏弄着红艳艳的锦鲤。

“来者是这样传话的，还说一定要阿郎仔细品读。”管家低声回道。

“仕宦而至将相，富贵而归故乡……此句真绝，稚圭为国为君操劳半生，却依然秉其真心行事待人，荣耀之时不骄，离去之时不躁，他配得上永叔之句。”蔡襄有些激动，似是在对管家缓缓诉说，又似在独自喃喃细语。

“那阿郎，去还是不去？”管家一时不知如何答话，只好寻根问底。

“明日一早，备好马车，我去书写碑文。”蔡襄说完放下纸卷，继续观赏池中锦鲤。

昼锦堂中 立“三绝碑”

天色蒙蒙亮，红日刚刚挂起，蔡襄收拾完毕，坐上马车朝昼锦堂行去。因年事已高，马车长途的颠簸摇晃使他难以承受，管家见状赶紧停下来请蔡襄稍事休息。就这样走走停停，不知过了多久，蔡襄一行终于到了安阳（今河南安阳）城内。韩琦与欧阳修二人早已等候多时，眼见蔡襄马车行了过来，心中大石才落了下来。片刻，他们领着蔡襄缓缓走入庭院。空气微凉，晶莹的露珠洒满了园中植物，一块光滑平整的石碑摆放在一侧，韩琦连上石的刻工也找好了，只等着蔡襄书丹。

稍作安顿后，蔡襄开始书写《昼锦堂记》。为了表示对韩琦的敬重，蔡襄把每个字单独写上几十遍，择其中最佳者进行拼合，故《昼锦堂记》又被称为“百衲碑”。这样的创作，不仅是蔡襄本人别出心裁的做法，也是书法史上极为罕见的个例。这件蔡襄精心创作的书法，汲取颜书笔意，严谨遒劲，方圆兼备，精美绝伦，成为他大字楷书的代表作品。

《昼锦堂记》石碑，因为参与其事者皆为名臣，欧阳修撰写的文章精彩绝伦，再加上蔡襄雄劲的书法，成为历史上另一块著名的“三绝碑”。现存碑石高 2.73 米，宽 1.21 米，厚 0.27 米，碑文共有 18 行。原碑为北宋英宗治平二年（1065）刻立，后毁没，现存之碑系元代至元年间重刻，因故久埋地下，直到清顺治年间在彰德府（府治今河南安阳）鼓楼西出土，移立于安阳城东南营街的韩琦祠西庑内。

司马光
小时候砸缸 长大后挥毫

《王尚恭墓志》宋代墓葬里的繁华与悲凉

1936 年，在洛阳北陈庄出土了一件沉重的正方形石碑，它长与宽都是 77 厘米，厚 15 厘米。石碑的碑面上刻满了密密麻麻的隶书字体。全文分为上、下两部分，每部分都有 41 列，每列有 20 个字。考古学家认真研究之后发现，这块石碑刻于北宋神宗元丰七年（1084）十月，碑文内容由北宋著名政治家、文学家范仲淹的儿子范纯仁撰写，著名的史学家司马光在碑面上用笔墨打好字样，最后由李稹雕刻。这块石碑就是《王尚恭墓志》。

王尚恭是河南府（府治今河南洛阳）人。他从小苦读，于北宋仁宗景祐元年（1034）考中了进士，从此开始步入宦途。他为官生涯漫长，北宋神宗元丰七年（1084），七十八岁高龄的王尚恭走到了生命尽头。他一生为官清廉

宋[illegible]大夫致仕王公墓誌銘

[illegible]天章閣[illegible]院權知河中軍府兼提舉[illegible]事范純仁撰

[illegible]學士兼翰林侍讀學士太中大夫提舉西京嵩山崇福宮司馬光書

元豐七年八月九日朝議大夫致仕王公以疾

[illegible]于西都嘉善里之第享年七十有八其孤將以十

[illegible]十九日奉公之喪歸葬于河南府河清縣上店

里之原稱先塋也以門人所狀公之行事來請銘

于予予與公游既久知公爲詳義不得辭遂銘

其墓曰歎宏其哀焉 公之先蓋京兆萬年人後家

于果州至 皇考尚書公始家河南歿遂葬焉

有[illegible]歐陽文忠公銘其墓河南尹公師魯爲之碣

紀其世緒官諱甚詳此不復書 公諱尚恭字安之

少力學與弟尚喆偕游庠序書親賢士大夫故歐

陽公書 尚書誌曰二子學于予教藝嘗爲諸生先

所稱[illegible] 公爲尤謹飭澹泊有儒者儀法貽歐陽公

正义，百官为了纪念这位正直的忠臣，便请司马光等共同撰碑。

人去立碑是中国传承了几千年的传统风俗。宋代的墓葬形式五花八门。宋朝建立初期，墓葬基本沿袭了前朝的砖墓样式，但在造型上有不少细微的变化。人们会选择用不同形状、样式的仿木的物件来修建墓室。在宋太祖“重文轻武”政策推行之后，上至朝廷，下至百姓，生活风气有了越来越大的转变。人们开始注重典雅精致的生活，对美也有了不同的看法。随着文艺风气的流行，这种对美的追求也开始在墓葬上体现出来。宋神宗时期，人们不再仅仅满足于普通的砖墓，用各式各样的花纹砖砌成的墓室开始流行起来。除此之外，人们还在墓室中修建假门、假窗等。

除了用砖来修建墓室之外，宋朝还流行土洞墓和土坑墓等。土洞墓的样式一般像宋人所穿的靴子，用这种形式安葬的多为品级较低的官员，以及富商乡绅等。土坑墓中安葬的则是那些无家可归或客死他乡的贫民、士兵或无名之人。这种墓地一般是公共的，埋葬者不计其数，有的是用土葬立碑的形式，有的则是埋着火葬的骨灰瓶。

宋朝战火频繁，再好的墓葬方式也可能会被敌军的马蹄践踏。北宋钦宗靖康二年（1127），金军攻破宋都汴京，北宋灭亡，金国的铁骑在横扫中原大地之后，开始掘墓。据《建炎以来系年要录》中记载：“敌之围城也，京城外坟垄发掘略遍，出尸取椁为马槽，城内疫死者几半。”他们盗取墓中大量陪葬品，将逝者抛尸荒野之中，还把安放尸体的棺木当作马槽使用。无处安放的尸体产生的病毒引发了瘟疫，疫情在医学技术并不先进的宋朝越来越严重，一时间百姓病死无数，民间叫苦连天。宋金之间残酷的战争给百姓带来了无法磨灭的伤痛。

如此，再看这用隶书所写的《王尚恭墓志》，历史的凝重感与碑文的厚重感扑面而来。

目前所见司马光存世书法，以楷书和隶书为主要书体，偶见篆书，其中隶书写得最好。他庄重遒劲的笔法使字体格外俊雅厚重，完美地体现了“宋人尚意”的风气。在宋人的观念中，字不单单是字，其一笔一画要书写出宋人的哲理观念与满满的书卷气息。同时，字中还要融入作者的独特风格与心有所思的意境。这就要求宋人的一卷书法不仅得是天然的、含着深刻功力的，而且得是博学的、创新的。

雍容中不失典雅，浑厚中不失壮美，高远中带有古朴，凌历中带有低敛。不知这篇千年前由司马光书写的《王尚恭墓志》碑文是否带你进入了那个遥远时空中的国度，领略北宋一百六十余年的繁华一梦？

《真书宁州帖》沉重的家书

秋夜微寒，寂静的房舍中有一丝丝悲凉在昏暗中荡开。房内的灯烛已燃烧大半，烛泪一滴接一滴地落下来。原本纤长的烛芯被烧得有些焦黑粗短，正扭动着单薄的身姿，紧紧抱成一团，像一个病中的老者蜷缩起来。“咳咳……咳咳”，一声声粗重的咳喘声打破了寒夜中的寂静。顺着声音望过去，一位精干枯瘦的老者躺在有些破旧的床榻上努力睁开眼睛。

一只弱小的飞蛾扑棱着双翅朝烛火飞去，它毫不畏惧、奋身一扑的姿态引起了老者的注意。老者看到细弱的火苗即将点燃飞蛾，若有所思。接着，他一手抓住床榻边的帷帘，一手摁在床榻之上奋力起身，吃力却异常坚定。他从床上缓缓站起，拿起摆放在床头的拐杖，朝烛火走去。

“咳咳……咳咳”，咳喘声变得有些急促。平复之后，老者定睛一看：扑火的飞蛾跌落在蜡油中，顿时殒命。老者拿起桌上细针轻轻一拨灯芯，昏暗的烛火也顿时变得清亮起来，荧荧的光芒爬上了老者的脸庞。此刻他的容颜才尽显出来，

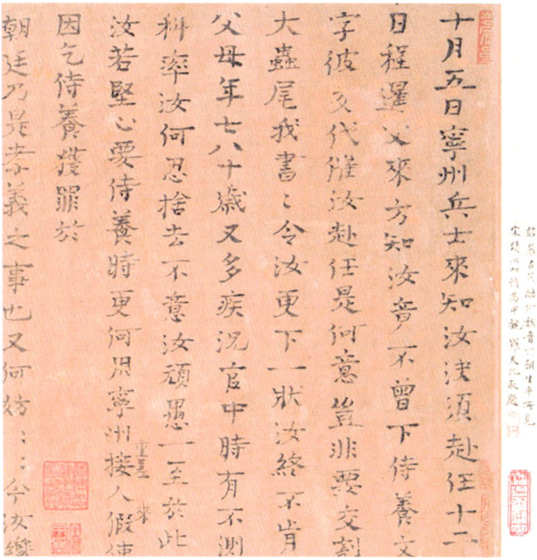
十月五日寧州兵士來知汝決須赴任十二
日程暹又來方知汝竟不曾下侍養文
字彼又代催汝赴任是何意豈非要支割
大蟲尾我書〻令汝更下一狀汝終不肯
父母年七八十歲又多疾況官中時有不測
科率汝何忍捨去不意汝頑愚一至於此
汝若堅心要侍養時更何用寧州接人假使
因乞侍養擺罷於
朝廷乃是孝義之事也又何妨〻〻令汝纔

原来他是北宋四朝元老司马光。

桌上的飞蛾栖息片刻便已恢复体力，不知不觉间消失得无影无踪。司马光坐在桌边愣了神，回想起儿时与小伙伴们玩耍的情景：有个顽皮的小伙伴不慎落入水缸之中，可水缸太过高大，大家根本无法捞出他。这可吓坏了其他一起玩的小伙伴们，顿时哭声一片。正在这时，司马光举起水缸一侧的石头奋力朝着缸身砸了好几下。水缸破了，缸里的水倾泻而出，跟着水出来的还有被呛了好几口水的小孩。“司马光砸缸”的故事广为流传，街坊四邻从此之后把司马光当作神童看待。

想到这里，司马光嘴角轻轻上扬笑了出来。顷刻间，司马光的思绪又被拉得很远很远，前尘往事随之一一揭开……

北宋仁宗宝元元年（1038），这一年司马光 20 岁，他参加科举中了进士，并得到了官家（宋仁宗）赏识，自此踏上了为官之路。可是第二年，他的母亲不幸病逝。伤心万分的他辞去官职，回老家服丧三年。奈何噩耗一个接着一个。三年之后的十二月，那是一个非常寒冷的日子，司马光的父亲司马池病死在了晋州（今山西临汾）。他内心悲痛万分，在接连六年的服丧时间中，他通过读书来排遣心中苦闷。

北宋仁宗庆历四年（1044），26 岁的司马光回到了久违的官场之中，一路官至龙图阁直学士。在此期间，他尽心尽力辅佐官家，造福百姓。他看到了宋朝的高光时刻，但也看清了朝廷政党之间的尔虞我诈。

北宋英宗治平四年（1067），英宗（赵曙）病逝，神宗（赵顼）即位，此时宋朝的政党之争已然十分激烈。两年之后，朝廷重用王安石并支持他提出的变法主张。可变法会耗费大量的财力物力，宋朝看似繁华祥和的背后其实早已千疮百孔，西夏与辽国不断侵犯边境，哪里还有宁日？且百官立场不一，朝廷又怎能经受得住变法的折腾？司马光因此反对王安石变法，主张节流。朝廷希望司马光可以放下成见支持王安石，但他不屑于此，愤然隐退于洛阳，从此日日与书为伴，不再过问朝廷之事。

司马光靠一腔执念坚持了十五年漫长的时光。这十五年间，他和家人过着清贫自守的日子，吃了许多苦头，竟连妻子去世都拿不出来安葬之钱。其间，他唯一的慰藉便是可以静下心来编撰《通鉴》一书。

“咳咳……咳咳”，不知是烛火太过刺眼，还是有风从门中偷偷袭来，司马光又开始咳嗽起来。他收回思绪摇了摇头，轻轻叹了口气，慢慢拭掉脸颊上的滴滴晶莹。他这一生极其不易。虽然表面名重天下，可他心中忧国忧民、无法实现理想的苦闷却无处释放。今日一早他从晚辈口中得知侄子富儿（司马富）已经不听劝告悄悄踏上了西北之路，他似是被冰水浇了一身，满身寒凉、浑身哆嗦。

司马光自小生活清贫，父亲常年在外任职，母亲一人将兄长（司马旦）与他拉扯成人，他与兄长感情深厚。为了安抚他一生无子的遗憾，兄长还将自己的儿子司马富过继给他。司马光如今已 67 岁，早已看清了人情世故与官场争斗，他有些疲惫，不忍侄子再去往长期与西夏对峙的宁州（今甘肃宁州）任职。现今兄嫂也已年迈，正是儿孙绕膝尽孝之时。如今侄子不在家侍奉父母，只怕来日会后悔不已。司马光深知年轻气盛、涉世未深的侄子此举不过是刚好中了朝廷中某些人的计谋罢了。奈何侄子脾气固执，一心想建功立业、守护家国，竟来了一个先斩后奏。想必他此时即将到达宁州险地，既然无法挽留，那就尽力劝回吧！

思至此处，司马光无奈地低下了头，暗暗感叹：富儿还真是像极了年轻时的自己。但越是如此，司马光越是感到气愤，这条路他已经走了一遍，江山早已不是当初模样，国也不再如梦中强大。他一定要将富儿骂醒，不能再蹚进这乱世的浑水之中。思忖片刻之后，司马光发出了苍老无力的声音：“咳咳……来人。”

“阿郎有何吩咐？”老管家闻声进屋。他与司马光主仆相伴几十载，情谊深厚。如今看到司马光久病未愈，实在担心，便夜夜守在门外。

“我给富儿修书一封，你定要差人将此信速速送至西北宁州。”司马光有些严厉地说道。话语刚毕，他便举起颤巍巍的手写了起来：“十月五日，宁州兵士来，知汝决须赴任……又被留住。”并不算太长的一封家书，司马光却写至半夜。他打起精神，写写停停。虽然信中颇有骂意，但这可真是一封好看的书法手札。

苍劲方正的楷体中又带有隶书笔意的样式，这正是司马光最擅长的书法风格。他的字一笔一画、规规矩矩，毫无马虎之态，这像极了司马光严谨中正的个性。细细看去：文字结构整齐分明，呈扁宽样式；笔画中的横笔出锋之处，带着一些隶书传统的蚕头燕尾造型。字并不算大，但字形字意恢宏雄厚，转折处细腻柔和，笔锋处凌厉刚劲。这种刚柔并济的线条美被司马光运用得恰到好处。

吱呀一声，老管家小心地拿起书信走出门外。司马光再次颤颤巍巍地拄着他那根漆迹斑斑的拐杖向床榻走去……

这封纵 32.7 厘米，横 57.6 厘米，痛责侄子司马富的书法珍品《真书宁州帖》现今收藏于上海博物馆。

《资治通鉴》残稿 历时十九年的巨著

北宋神宗熙宁二年（1069）。

“……青苗法、募役法、方田均税法、农田水利法、市易法与均输法皆属于富国之法，可由官府贷款与粮给百姓，每半年收取二、三分利。保甲法、裁兵法、将兵法、保马法、军器监法皆属于强兵之法，此法会对军士能力、智力等进行相关考核，从中选取奇将优兵予以录用。此外，取士之法将从改革科举制度、整顿太学和唯才用人入手，以此来为我朝选拔培养治国良将忠臣，还可……”王安石站在大殿中央侃侃而谈，仿佛已经进入了他理想中的国度。宋神宗坐在皇位之上，撇去了昔日的肃穆神情，一脸欣赏地望着殿内胸有成竹的王安石。

“官家！”疾厉的声音打断了滔滔不绝的王安石。众臣纷纷循声望去，身形精瘦的司马光从众臣之中缓缓走出，他姿态高傲，迈着豪迈的步伐走到王安石一侧。宋神宗看着这位睿智的忠臣，迟疑片刻，而后问道：“司马相公（司马光）有何事？”

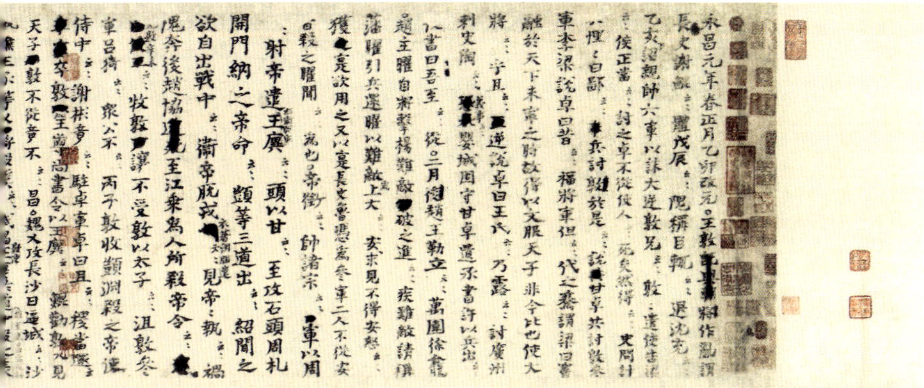

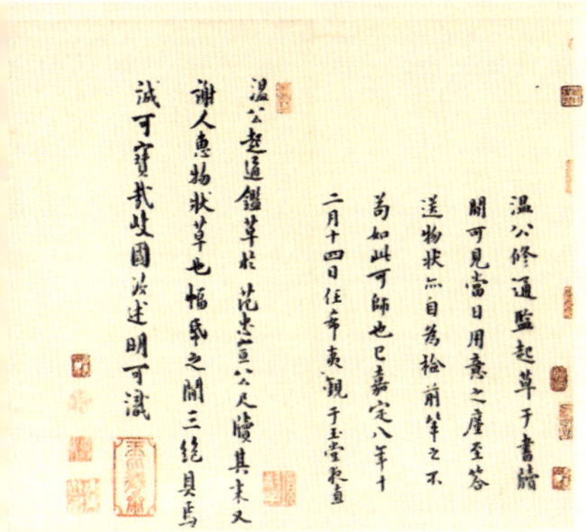

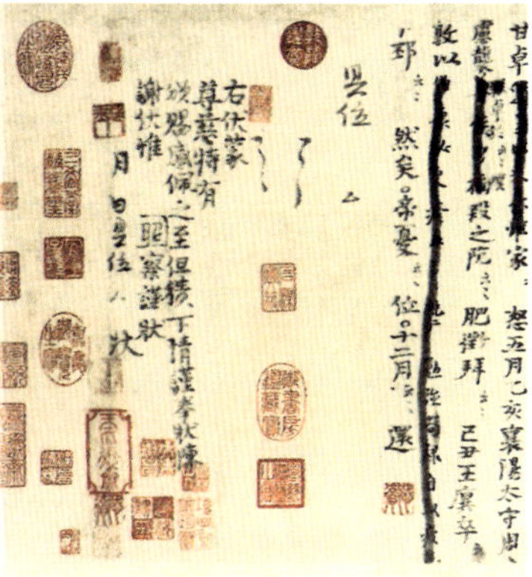

"官家，您听到西夏与辽国的铁蹄声了吗？您听到城中百姓的哀怨之声了吗？臣已经听到了。变法需要财力物力，可现在哪里还有多余的呢？"司马光咬牙切齿地讲出每一个字。

"司马相公，变法的目的就是为了充盈我朝国库，改善我朝兵力，还百姓太平盛世啊！只要革除颓败的风气，何惧西夏与辽国？”宋神宗还未开口，王安石已经据理力争起来。

“宰相（王安石）所言甚是，司马相公应放眼未来。朕意已决，今日就是变法的第一日。”宋神宗看着司马光，眼神异常坚定。

北宋神宗熙宁四年（1071）。

一辆古朴的马车载着大大小小的箱子从繁华喧闹的汴京城中驶出，司马光此刻身着简朴常服，端坐在马车之中闭目养神。前几日大臣范镇因反对新法一事惹怒了官家，被罢去了官职，此事在京城传得沸沸扬扬。司马光心里清楚，王安石之法并不是一无是处。然如今外有敌国蠢蠢欲动，内有朝堂浮萍飘摇，如此局面想要走下去怕是难上加难。范镇与司马光相交多年，是一位有才学的能臣，两人彼此敬佩。如今看到友人尽忠多年落得如此下场，司马光心中不免一阵悲凉。

思忖多日，他向官家上奏：“老臣年纪渐大，常感心力不足，自愿退居洛阳。”

今日正是前往洛阳之日。既然不再参与政事，司马光暗自决定，从今之后将全部精力放在还未编撰完的《通鉴》一书中。

北宋神宗元丰七年（1084）。

橘红色的夕阳斜斜地照在破旧的院落中。似是许久无人打扫，庭院苍凉破败且毫无生机，简陋的房舍像是快要倒塌般在微风中挣扎，一位胡须花白身着仆从衣裳的老翁坐在院落中的石凳上打盹儿。

“咳咳……咳咳……”一声声绵长且繁密的咳喘声回荡在院落之中，发出此声的正是十五年前隐退洛阳的司马光。在简陋的房舍之中，司马光于一张磨损严重的桌案边盘腿而坐。屋内并未有太多摆设，不知这么多年，他是如何撑到今日的。此时的司马光像极了一位寻常老者，灰白色的头发有些杂乱，破旧的衣衫上沾满了斑斑墨迹，他的脸像极了干枯许久的野草。岁月没有放过任何一个人。

天色还未全黑，司马光已经将一根洁白的蜡烛点燃。烛光照在他脸上的沟壑间，看得出来他经历的风霜磨难比想象中的要多。他的眼睛似乎并不太好，需要不时地用衣角擦拭。晚风带来了一波波凉意，七月的空气变得凉爽了一些，可司马光的额头上依然是密密麻麻的汗珠。许是他关节处的痛风又带来了难以忍受的痛苦，他紧紧抿着嘴巴，故作镇定的模样格外令人心痛。

老管家轻轻走来，心疼地说：“阿郎，歇歇吧！这十几年来您日日写书，觉都不曾睡好过，您看您的身体都成什么样了？”

“快了，就要好了。这书是为官家写的。”司马光平静地说道。

“您都已经不再过问政事了，为何不让自己过得舒坦一点呢？这些年，您虽然不在朝中，可无一日不打听朝堂之事。为了这本书，您宁可天天吃糠咽菜，住在这无人问津的陋室里。您这是何苦呢？”老管家虽是抱怨，但言语之间皆是关心之意。

司马光不再理会，专心整理着散落一地的书页。

寒冬凛冽，红日才刚刚发出微光，仁宗皇帝与臣子早已齐聚在大殿之中。司马光缓缓趋至大殿中央，跪下来，道：“官家，整整十五年过去了，臣终于可以将此书献于官家了。为写此书，臣的眼睛几乎已经看不见了，牙齿也已掉光，臣全靠着为官家献书的满腔热血才走至今日啊！”司马光的声音忽远忽近，忽轻忽重，66 岁高龄的他已经不复当初站在大殿上驳斥王安石的英勇之姿。

书稿洋洋洒洒，皆用规整圆润的楷书所写。字体饱满古朴，一笔一画间皆是内敛洒脱的品格。再细细揣摩，字的起笔和落笔间仿佛有前朝书法大师颜真卿的笔法，自然腴润，怒而不威，柔中带刚，粗中有细。

遥想当年，神宗抚着书稿沉思良久。他直直地注视着司马光，清了清嗓子开口说道："鉴于往事，以资于治道。温公，朕谢谢你，此书就叫《资治通鉴》吧……"

北宋哲宗元祐元年（1086）九月初一，伟大的政治家、史学家、文学家司马光因病去世，享年 68 岁。

注：《资治通鉴》是北宋司马光历时十九年编撰的一部编年体通史，全书共 294 卷，以时间为线，历史事件为目，记录了从公元前 403 年至公元 959 年的史事，涵盖了共 16 朝 1362 年的历史。其残稿纵 33.8 厘米，横 130 厘米，现今收藏于中国国家图书馆。

苏轼
词好、文好、字更好

《天际乌云帖》 宋朝底层女子的悲哀

轻轻柔柔的日光慵懒地西垂在天际，似金似橘的光泽铺天盖地般倾洒下来。杭州（今浙江杭州）城中一处素雅的闺

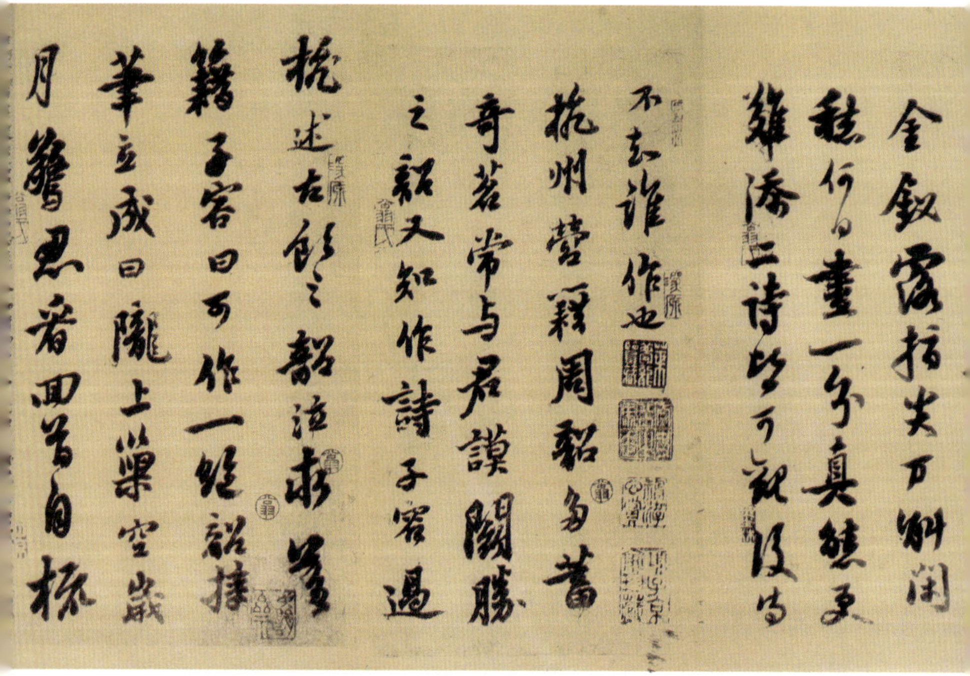

阁里，周韶（官妓）正坐在窗台边对镜梳妆，一袭雪白的轻纱水袖裙垂落于地，精致的衣衫下是周韶玲珑秀美的身段。日光渐渐靠拢过来，温柔地打在女子的身上。珠霞般的光辉荡漾开来，荧光点点的裙摆在微风中缓缓飘起，她像极了不小心掉落凡间的天女。

瞧！流光溢彩的耳坠在女子白皙的脸颊两侧摇晃。女子轻轻拿起桌上的一株百合花珠钗，缓缓将其插进盘好的发髻中。柳叶眉下是一汪碧水潋滟的秋波，白玉般的额间轻轻点着

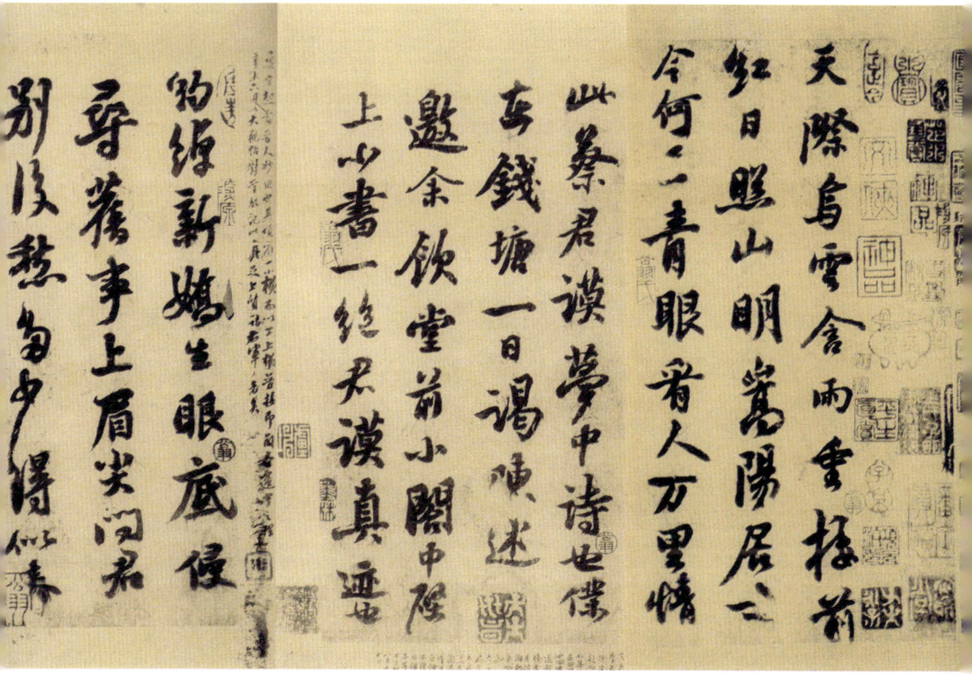

一丁点儿的朱红。女子对镜微微一笑，樱桃小口唇角即刻上扬，如弯弯扁舟，真是一位娇艳欲滴又清新淡雅的美人儿。

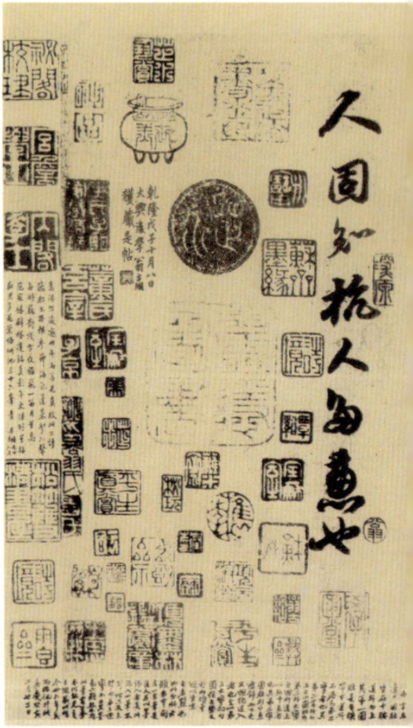

“韶娘，可以出发了，今日可不能去迟了。”一位婢女装扮的秀气女子站在门口焦急地催促着。周韶笑着看了她一眼，并未多语。今日的她定要求得心中所愿。半晌之后，周韶抱起了摆放在一侧的琵琶朝门外走去。

“天际乌云含雨重，楼前红日照山明。嵩阳居士今何在，青眼看人万里情。”苏轼一边饮酒一边吟起了蔡襄的诗。今日是大臣苏颂奉官家（宋神宗）之命前来杭州公干，知州陈襄专门在家中设宴接风。

“子容（苏颂），你听听，

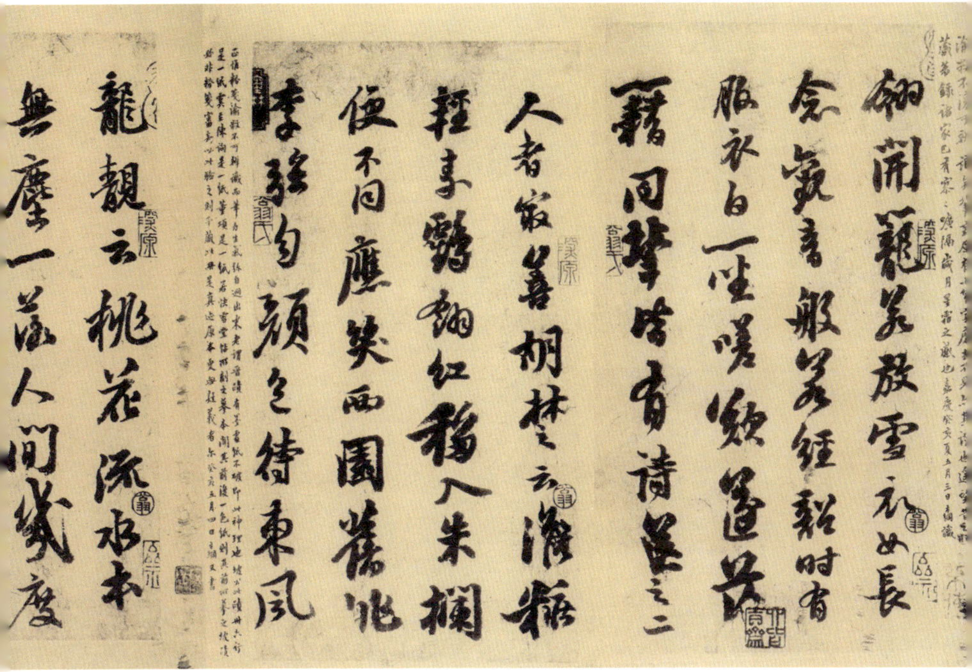

君谟（蔡襄）这首诗写得是真好啊！”陈襄笑意吟吟，赞叹不已。

“呵呵，述古（陈襄）的文采也是极好的。我今日到此宝地，能得如此款待，心中不免感触颇深。”苏颂满脸敬佩地说道。

“子容，无须多言，今日难得与你和子瞻（苏轼）齐聚，更有韶娘相伴，不如我们开怀畅饮，赋诗作乐，可好？”陈襄听苏颂此言，即刻来了劲头。

“陈大人提议甚好。可是韶娘的文采哪里能及得上各位大人呢？”周韶安安静静地在酒宴边轻拨琵琶，细柔的乐声刚好为酒宴增添了一番雅趣。

“哈哈，韶娘不必自谦，你的文采可早已是坊间佳话了。”陈襄口气之中充满了赞赏。

“如此，不知韶娘可否向大人们讨一允诺？”周韶将琵琶放在一侧，缓缓站了起来。

“哦？韶娘说来听听。”苏颂疑惑地望着眼前的娇人儿。

“韶娘自幼生活贫苦，在朝廷的乐坊之中长大，一直仰仗诸位大人关怀才能不受人白眼。可这般生活并不是韶娘所望。恳求苏大人助我脱离贱籍，韶娘会永生感念您的恩德。”周韶跪在离苏颂不远的地方，激动地说。

“韶娘你先起来。你与我们也算旧识，子容定会考虑你所言的。”苏轼看着一脸委屈的周韶，心中一阵悸动。

“这样吧，韶娘，都言你文采过人，你看见那房檐下锁在笼中的白鹦鹉了吗？若你能以它为题作诗一首，我定会帮你向陈大人说情的。”苏颂的声音不缓不急，仿佛玉石碰撞的温和之音。

周韶缓缓站了起来走向一侧，良久，开口道：“陇上巢空岁月惊，忍看回首自梳翎。开笼若放雪衣女，长念观音般若经。”

静，一切都是静的，安静极了！众人吃惊地看着眼前这位衣着洁白如雪的女子。许久之后，苏轼开口道：“韶娘家亲刚刚去世，现在还在服丧期间，此诗用雪衣极为合适。”

“韶娘，你心中所愿成了。”苏颂看了一眼陈襄，微笑着说道。

周韶再也抑制不住内心的激动，泪珠一滴接一滴地落了下来。众人假装没有看见此刻女子哭花了的妆容，似刚刚什么都没发生过一样，继续谈笑风生……

此帖记录的是宋神宗年间官妓周韶脱籍的事迹。早在唐代，官妓就已经存在，她们是专门侍奉朝廷官员应酬会宴的妓女。历史上的官妓归朝廷管辖，地位低下。除了有生活困顿的女子从小从事外，也有许多大户人家的女眷在被抄家之后充入其中。为了使官妓能够更好地迎合官员，朝廷往往会对她们进行诗、书、琴、画等方面一系列严格的培训，可谓才艺双绝。

宋朝对官妓的需求不断增加，但宋朝官妓的地位依然低下。据《宋刑统》一书中的记载，官妓属于“贱民”阶层，如果擅自逃离将会被官府判刑，逃跑在 1 天以内者打 30 大板，10 天以上者可判 3 年监禁。

宋朝的官妓经官府脱去贱籍之后，可以如寻常女子一样与常人通婚，不过从良后的官妓并不太被世人接受。宋朝的官妓从良之后大多都嫁给官僚、儒士为妾。当然，也有嫁给官员为妻的官妓，南宋的大将韩世忠的正妻就是官妓出身，只是这种情况在宋朝实在是少之又少。

《天际乌云帖》也叫《嵩阳帖》。全文共 36 列，307 个字，苏轼用行书挥写而成。苏轼不仅以词文著称，在书法史上更是被誉为“旷世奇才”，行书功力十分深厚。他的书法笔势与他的性格一样洒脱。精湛纯熟的笔画既流畅苍劲，又严谨豪爽。这种看似毫无规矩的书法风格恰恰符合苏轼本身的性格特点。生活上的困顿、仕途上的不顺并不影响苏轼获得创作灵感，一笔一字书写出他丰富的内心和一生的波澜。

一阅《天际乌云帖》，可见苏轼文笔大气雄浑之力；二读《天际乌云帖》，可赏官妓周韶才色双绝的光华时刻；三思《天际乌云帖》，可懂宋朝底层女子微如蝼蚁的悲惨命运。

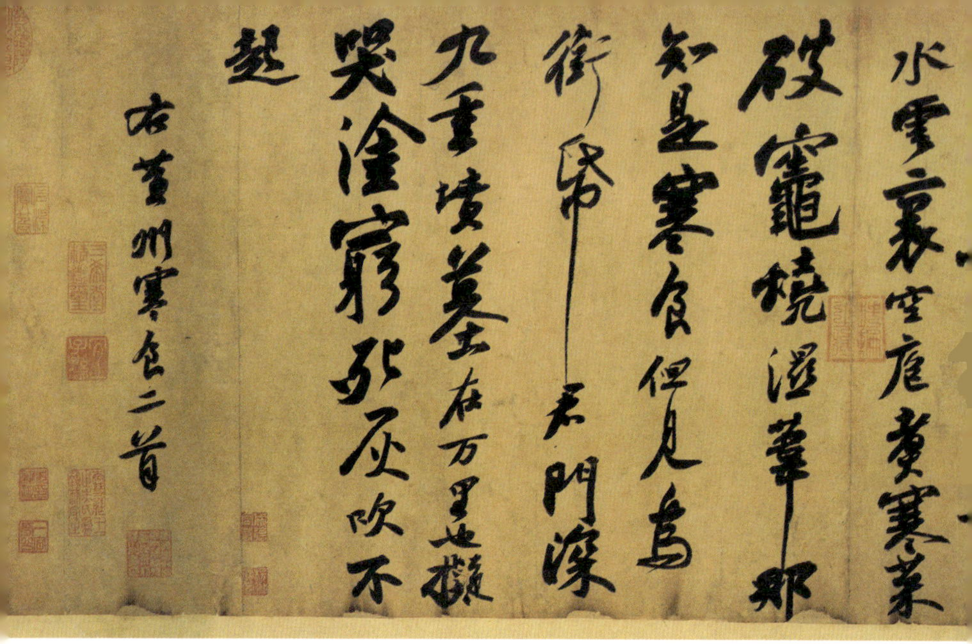

《黄州寒食帖》悲伤回忆录

回望历史，宋神宗元丰二年（1079）的天似乎一直都是灰蒙蒙的。此时的苏轼还在杭州（今浙江杭州）一带任职。王安石的新法在朝野内外进行得轰轰烈烈。许是命运中该有此一劫，不知从何时起，那道尽抒愤懑的《湖州谢上表》竟成了苏轼噩梦的开端。

农历七月才刚刚带来一丝初秋的凉意，御史台的诸位官员就已经开始了针对苏轼的长篇大论的弹劾。苏轼对变法的一些措施颇有微词，但他向来敬重官家（宋神宗）和众臣，

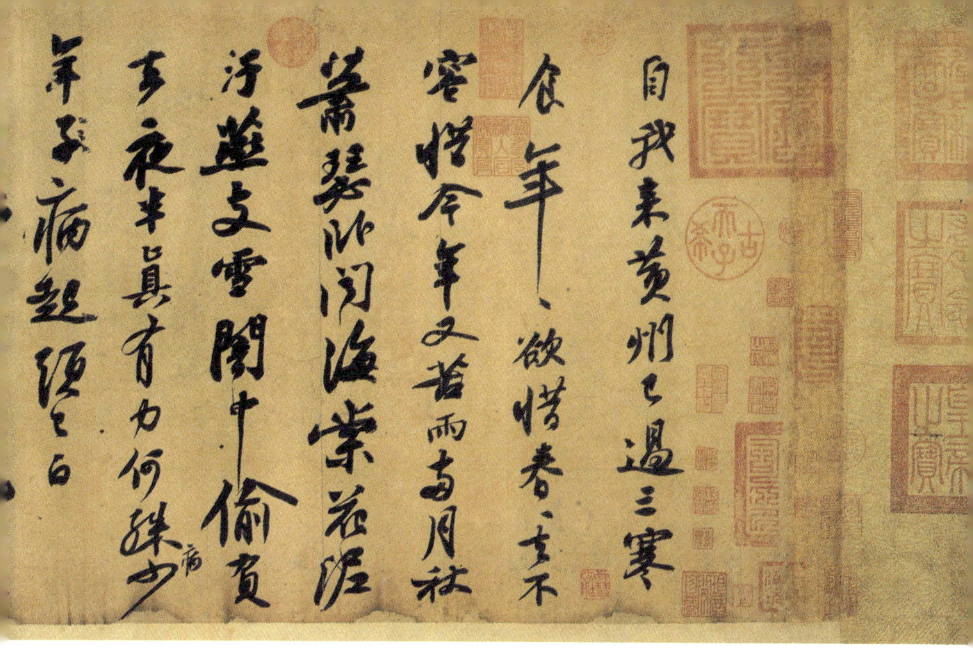

也并未做出逾规之举。然而一些人处心积虑地在他的诗文中寻找他流露的不满，并以此作为他反对变法的罪证。宋神宗命人前往湖州捉拿他，他的好友王诜（驸马）得到消息担忧至极，便悄悄派人通知了在南京任职的苏辙前去搭救。但于事无补，苏轼被押解进京。

牢狱中的日子极其难过。乌糟糟的墙壁上到处都是湿漉漉的青苔，阴冷的空气中夹杂着一股腥臭味。苏轼已不再是昔日那位豪放狂言的人，沉重的脚镣带来的冰凉气息时时向他袭来。哀号的囚犯时而发疯般痛哭，时而悲凉地冷笑。御史台开始了对他漫长的审讯，可文有何罪？有何罪？苏轼以为不敬的文字只是一时惹怒了官家罢了，却不知大理寺已经开始了对他的司法判决。

昔日被文人儒士追捧的诗词文章被一一翻出，与驸马王诜唱和的诗文竟使王诜失去了所有官职，被贬为平民；好友王巩被发配到了西南蛮荒之地；连弟弟苏辙也被贬到了偏僻的筠州（今江西高安）；其余知交、友人也纷纷受到牵连。可怜司马相公早已远离朝堂一心编写《通鉴》，生活过得一贫如洗，也要被罚二十斤红铜。

黑暗冰冷的狱中生活没有一丝生机与希望，日日担惊受怕已使苏轼濒临崩溃境地。可能是老天不忍让他惨死狱中，也许是官家对他还有一丝恻隐之心，虽然御史台紧咬不放，可朝堂之上有众多官员为他上书求情，连王安石也连连劝谏官家。冷静后的官家想起太祖留下来的不可杀士大夫的祖训，最后将他贬至黄州（今湖北省黄冈市），“乌台诗案”也就此告一段落。

元丰三年（1080）二月，四十三岁的苏轼带上寥寥随从，一路迂回来到黄州境内。这里百姓淳朴真挚，风景宜人。若在过去，他定会满眼惊羡新鲜至极；可回想起狱中的无数个不眠之夜，思起众多被他连累的友人，苏轼当时心中满是凄凉悲怆。从此之后，他谨言慎行，不问新旧党争。他想用酒来麻痹自己，却囊中羞涩。他也时常会感觉到体内一腔热血仍在沸腾，那是他想忠君报国的信念，更是他想一展宏图的理想，但他也只能将它悄悄藏于心间。

这一天是苏轼来到黄州第三年的寒食节。春分虽过，但空气依然冰凉刺骨，寒食节禁火的规矩不免又为这个节日增添些许寒意。可门外的过客似乎并未如苏轼这般苍凉孤寂，他们来来往往走得很是匆忙，想必是去与亲友相聚，可苏轼的亲友呢？

连续多日的阴冷在今日稍微转好，单薄的日光透过绿意盎然的枝头照在了门廊前苏轼的身上。有些许热的感觉，但没有透入心间的暖意。燕子在房梁上叽叽喳喳，街上传来了小儿追逐打闹的声响。绿茸茸的新草极其柔软，海棠花的香气已经淡淡飘来。想来城中百姓早已聚在郊外的河流边，争相感受那生机勃勃的春意。

若在昔日，他定会与亲友畅饮一番，再去凑一凑那热闹。可如今的他只能自言自语，赋诗挥笔。思至此处，苏轼两眼有些蒙眬。望着房内铺在桌案上的那卷崭新洁白的宣纸，他不知不觉便走了过去。生怕泪滴沾染了这片洁净，他急急拭去眼中泪光。拿起墨笔，怀着心中的悲痛寒凉，他用行书写下："自我来黄州，已过三寒食。年年欲惜春，春去不容惜……暗中偷负去，夜半真有力。何殊病少年，病起须已白……君门深九重，坟墓在万里。也拟哭途穷，死灰吹不起。”

许久之后，他仰首长吁，泪水再也抑制不住地流了下来。看满纸诗文，尽是凄清悲凉，行书的起伏跌宕恰如他坎坷曲折的人生。看全文，起笔笔势平缓端庄。写至中间，字体变得粗犷起来，字形逐渐变大，笔势也逐渐急促，字间距也十分紧凑，大概是写着写着，回想起这些年的遭遇，平静的心绪被打破的缘故吧。可他又能改变什么呢？只求安稳过好以后的日子罢了。心态稍稍平复之后，他的字也如开篇之时又重新变得平稳起来。

夜色渐浓，城内灯火昏暗，黑暗扑面而来。他紧了紧身上破损的衣衫，提起桌上酒壶，大口大口喝了起来，只愿沉沉地醉去。今夜，或许会比前一日更加寒凉吧！

注：《黄州寒食帖》纵 34.2 厘米，横 18.9 厘米，全文共 17 行，129 字。本帖是苏轼书写自己诗文的一篇行书，现收藏于台北故宫博物院。《黄州寒食帖》在中国书法史上影响巨大，被称为“天下第三行书”。

《赤壁赋》面对古战场的感悟

软塌塌的云朵轻轻拨开了墨蓝色的天空，奶黄色的月光笼罩着郁郁葱葱的山林。浓密的枝叶肆意地挡住了月光的去路，山间的凉气在忽高忽低的地面上飘荡。此时正是风清月明、高爽舒适的农历七月。有风轻柔柔地吹来，稀薄的烟雾从山林中升起。它轻抚着每一棵苍劲的古木，枝叶像是有些怕痒，发出了细微的沙沙声。

远山在柔柔的月光下炫耀着自己婀娜的身姿，它甩出的碧色“烟纱水袖”荡漾在明暗相间的江水之上。细腻的烟雾紧紧包裹住众山的容颜，只有风儿到来之时，才能看清群山的波澜。回望近处的山峦，它们可不像远山那样娇羞，坦坦荡荡地矗立于江水两侧，似是怕来人忽视它们的奇崛高峻。

一片片浓绿倒映在波光粼粼的江面上，莫不是到了水宫龙女之所？不然黑漆漆的江面上怎会有点点荧光？皎月渐升渐高、渐升渐亮，徘徊在斗宿与牛宿之间，照清了江面上三三两两的游人。瞧！不远处波光之上，那苇叶般的小舟上坐着

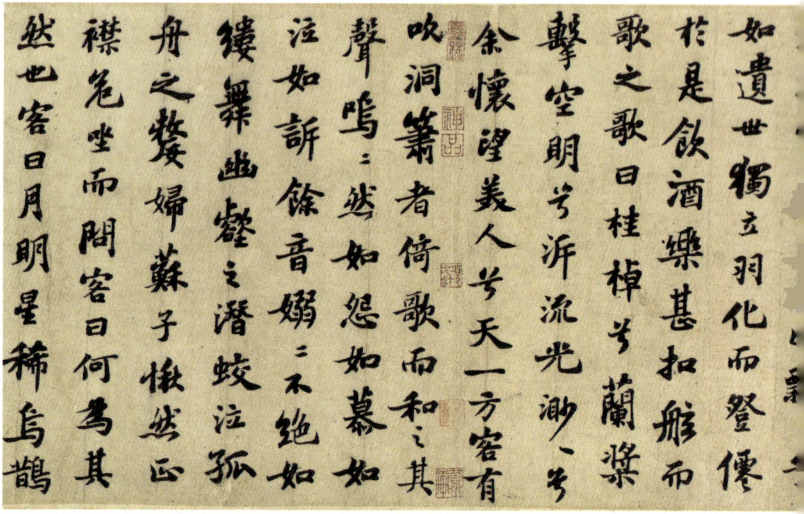

的，不正是苏轼和他的友人们吗？尖尖的船头“劈”开了平静的水面，一圈又一圈的波纹荡漾开去。苏轼时而喃喃自语，时而高举酒杯与友人同饮。水面上的雾气腾然升起，仿佛来到了蓬莱仙境之中。

“桂棹兮兰桨，击空明兮溯流光……”低沉豪迈的曲子从苏轼嘴中传出，寂寥的夜似乎变得有些热闹起来。白茫茫的雾气中传来了友人吹奏洞箫的声音，只是他似是心有哀伤，不然这悠扬的洞箫怎会变得如怨如慕、如泣如诉？哽咽般的乐曲蔓延在开阔的山水之中。

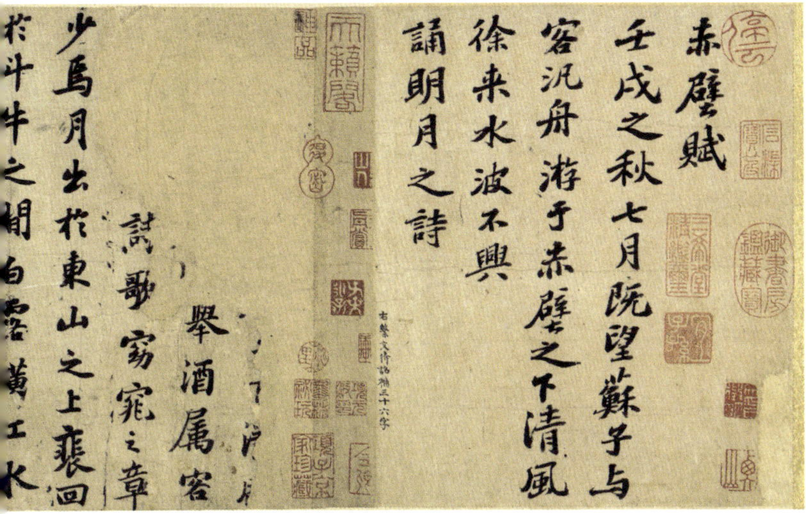

声音不断回荡在平静的江面上。联系起自身处境与心境，苏轼心中不免忧愁凄怆起来，问友人："这箫声为何如此悲怨？"友人缓缓开口："'月明星稀，乌鹊南飞'，正是曹公（曹操）之诗。你细看一下四周，西处是夏口，东边是武昌，如此苍茫之地正是赤壁的战场。曹公昔日一路攻取荆州、江陵一带，麾下兵士不计其数，战船一一相连可达千里之远，光是战旗就可遮天蔽日。可如此豪杰之士，如今哪里还有他的影子？"

半晌之后，友人再次感慨："看看今日之你我，在茫茫天地之间驾着一叶扁舟，过着捕鱼砍柴、饮酒消遣的生活。我们不就是沧海中的一粒渺小的粟米吗？人生是多么的短暂啊，无穷无尽的长江才更叫人羡慕。我多想似仙人一样可以畅游天地间，与皎月同岁，可这不过是南柯一梦罢了！如此，我也只能将无法实现理想的苦闷化作声声洞箫，消散在秋风之中。”

苏轼许久没有说话，仰首直直地望着那轮皎月，开口说道：“你可知那水与月吗？时间流逝像水一样，其实并没有消失，圆缺不定的月亮也从未真正地增减。天地万物无时无刻不在变动，可万物也是永恒的，各有各的主宰。如果不属于自己，多一分一毫也是多余的，有什么可羡慕的？看那江上的清风，山间的明月，大自然中这些伟大无私的珍贵宝藏，我愿长长久久与你同享。”

轻舟上传来了绵绵不绝的欢声笑语。雾气渐渐散去，壶中酒也已尽入腹中。装有糕点果品的盘子散落一旁，水天相接的东方微微露出了光芒，那正是太阳升起的地方。这船中人儿却已睡着在江上。

《赤壁赋》是北宋文学家苏轼在宋神宗元丰五年（1082）所创作的一篇赋，此时的苏轼被贬黄州（今湖北省黄冈市），正经历着人生中最艰难的时刻。赋中记录着苏轼与朋友在赤壁边月下泛舟江中的所见所感。赤壁是古代有名的战场，公元 208 年，孙权与刘备二军联合在赤壁之地打败了当时的曹操大军，史称“赤壁之战”。自此，三足鼎立的局面变得更加稳固。

战争在历朝历代一直不可避免。宋朝虽然采取“重文轻武”的政策，但是战争在宋朝几乎没有停止过。

北宋雍熙三年（986），宋太宗赵光义为了收复后晋割让出去的燕云十六州，派遣二十万大军兵分三路讨伐辽国，史称“雍熙北伐”。可惜的是二十万大军并未在战争中取得胜利，宋朝对辽国的态度也从进攻转为了防御。澶渊之盟签订之后，宋辽之间才开启了数十年的和平局面。

北宋景祐五年（1038），李元昊与宋朝决裂，自立为帝。他建立了西夏，对宋朝边境多次进攻，并借辽国的势力给宋朝施以威压。于是，双方之间便开始了漫长的宋夏之战。

北宋政和五年（1115），女真族的完颜阿骨打建立了金国。起初，宋朝与金国联手打败了辽国。可到了北宋宣和七年（1125），昔日的盟友金国开始向宋朝发起了猛烈的进攻。两年之后，金国的铁骑将宋朝都城紧紧包围。宋钦宗无奈之下出城投降，北宋自此灭亡，这就是历史上有名的“靖康之变”。

大宋繁华数百年，如今看来似是惊鸿一瞥，战争带来的动荡与悲愤也已消散在岁月的长河中。苏轼留下的这卷《赤壁赋》，我们还可从其文字中读到彼时的缥缈美梦。细看这卷作品，飘洒肆意的行楷显得格外沉稳厚实，字体呈扁平紧密的排列样式，宽厚丰满的笔画中尽显凝练收敛的气息，高远且肃穆的风格使人看后过目不忘。这不正是苏轼的秉性吗？旷达、豪爽且不拘小节。

读完这卷意、气相融的书法珍品《赤壁赋》，不知你是否也在感慨人生如梦？年华似水，匆匆一瞥，便是无数个波澜起伏的岁月。

《洞庭春色赋》酒中乐 乐无穷

《洞庭春色赋》是由苏轼创作的一卷行楷书，现收藏于吉林省博物院。全文笔法圆润中带有傲骨，跌宕起伏中含着自然大气。文中之字古朴、简练，却又恰如瀚海汪洋般深不可测、变幻无穷。较其他书法大家的端庄风格，苏轼的字或大或小、或粗或细。这种看似毫无规矩可言的字体安排，刚好可以完美地佐证苏轼内心起伏不定的情绪与他一生酸甜苦辣的经历。

“洞庭春色”不仅仅是苏轼所作的一篇赋名，更是宋朝儒士们都爱饮的一种名酒。此酒由安定郡王赵世开用黄柑所酿。黄柑是一种特殊的柑橘属植物，它由橘子和橙子杂交而成，盛产于四川、湖南和湖北一带。黄柑在中国已有 1700 多年的历史。

赵世开酿成此酒后，吸引了大批爱酒之士。但想要得到安定郡王亲手酿制的酒真是难上加难。苏轼是当时的幸运儿之一。宋人皆仰慕苏轼的性格与才华，其中就有赵世开的侄子赵德麟，他得到此酒之后便将其转赠给了苏轼。苏轼品尝之后，惊艳其酒浓烈的甘苦之味。腹中的烈酒仿佛打通了他的任督二脉，他顿时心绪万千，脑中似有神光掠过，灵感乍现，于是在半醉半醒之间，提笔挥洒，写下了这首脍炙人口、夸张浪漫的《洞庭春色赋》。

苏轼在文中赞此酒曰：“我洗盏而起尝，散腰足之痹顽。尽三江于一吸，吞鱼龙之神奸，醉梦纷纭，始如髦蛮，鼓包山之桂楫，扣林屋之琼关……”苏轼把酒盏清洗得干干净净后方才将“洞庭春色”倒入其中，浅尝一番，身上长期以来腰疼腿麻的疾病便好像已祛除。又似三江之水在体内翻涌奔腾，江中鱼龙鬼怪尽在腹中大显神通。身体刚与烈酒相融，便如

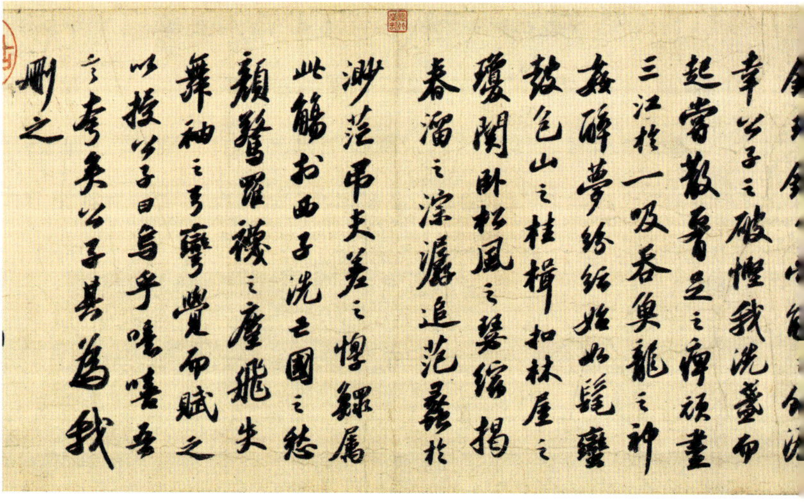

醉似梦般看见了洞庭湖变幻迷人的美景，开始了疯言疯语。摇摇晃晃中他仿佛划起了巴山桂树制成的船桨，叩开了山林中神仙居住的屋门……文末，苏轼解释：“我这篇赋写得稍微有些夸大，赵公子（赵德麟）不妨替我删改一些。”

文虽有些夸张，但足见酒是真的好。其实在北宋初期，酿酒可是一件危险的事，朝廷规定不许私人酿酒。到了北宋中期，朝廷为了增加国库收入，逐渐放宽了酿酒的条件，酒税也成了国家财政的主要来源之一。但是，酒依然被朝廷严格管控。

制作酒的酒坊归朝廷管理，酿酒所需的材料费用也要经

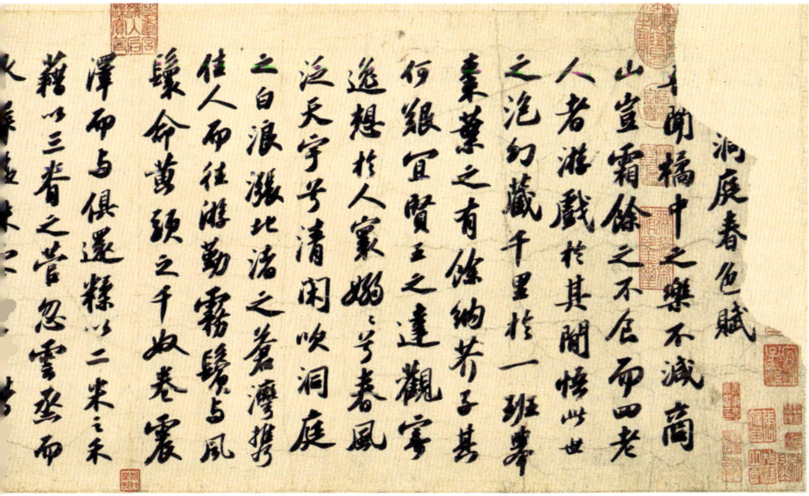

过朝廷之手。如果有商家想要卖酒养家，必须从朝廷官府手中租赁酿酒坊才能生产制造，而酿好的酒也要由官府规定价格才能销售。朝廷为了得到更多的酒利，一直鼓励民众饮酒。酒带来的灵感，间接刺激了宋朝文艺的发展。文人之间的饮酒之风更是比前朝还要盛行。

宋人喝酒也喝出了形形色色的花样。宋朝“重文轻武”的风气将前朝流行的斗酒（行酒令）游戏推向了高潮。上至王孙贵胄，下至平民百姓，只要有酒处，便有斗酒喜乐。连街边老翁、怀中乳儿也常常被喝酒者逗得嬉笑不断。

斗酒的形式也不再局限于斗诗文。宋人喜欢“斗小曲儿”“斗小词儿”。当时诸多有名的词牌名，如水调歌头、天仙子、调笑令等皆在宋朝的斗酒游戏中风靡一时。更有甚者，像大文豪欧阳修在与友人斗酒时，竟然“斗”起了宋朝的刑律法则。追根究底，斗酒对于宋人来说就是斗才学。

《中山松醪赋》关于酒的那些事儿

1915年的巴拿马万国博览会上，中国用两种美酒征服了全世界：茅台酒与中山松醪酒。从此之后，酒界便流传着“南有茅台，北有松醪”一说。酒从古至今都是宴乐聚会时的助兴之物，中山松醪酒的背后也隐藏了一段不为人知的故事。

据传，中山国因城中有高山一座而得名。历经几百年的风雨飘摇，时间一晃到了公元前154年，汉景帝（刘启）的儿子刘胜被封为中山王。刘胜是一位嗜酒之徒，认为诸侯之乐应当日日笙歌饮酒。刘胜去世之后，谥号为靖，史称“中山靖王”。中山一脉甚是庞大，而且都有一个共同爱好：饮松醪酒。因此，此酒又被世人称为“中山松醪酒”。传说此酒非同一般，古代的贵族将其视为珍宝。中山松醪酒号称“千日醉”，是将松针、松果二物与米麦一同酿造而成的，尝一口可品出米酒、药酒与白酒三种酒味，闻一闻可嗅出醇香味、松香味、蜜香味、酸味与苦味五种味。那么，此酒与苏轼又有何渊源呢？

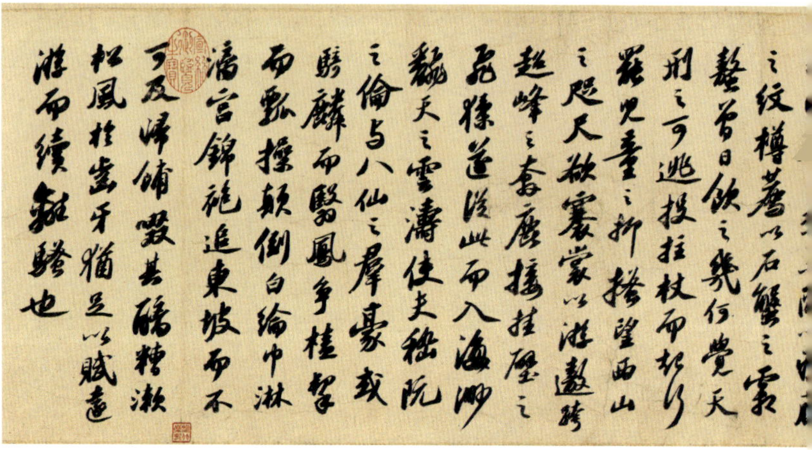

北宋哲宗元祐八年（1093），命运坎坷终日奔波的苏轼已经 56 岁了。在数次被贬之后，他似乎心中已有些坦然。农历闰四月的天气已有些许燥热，坎坷不平的路面上是一辆慢慢悠悠不停前进的马车。乘车之人正是鬓角微白、神情漠然的苏轼。此次他的被贬之地是极其贫苦遥远的岭南，马车刚好行至山清水秀的襄邑一带。苏轼有些无聊，他轻轻掀起车窗上的布帘一角，用满含沧桑的眼睛瞥向四周。

天空似乎格外阴沉，层层的乌云像浓烟一般团团铺开，乍看竟如万千天兵天将驾云而来。苏轼料想今日必逢瓢泼大雨，不宜再行走下去，于是寻了一处静谧小店住了下来。才刚刚落脚，雨便倾盆而下。苏轼安顿之后打发随行之人去休息，

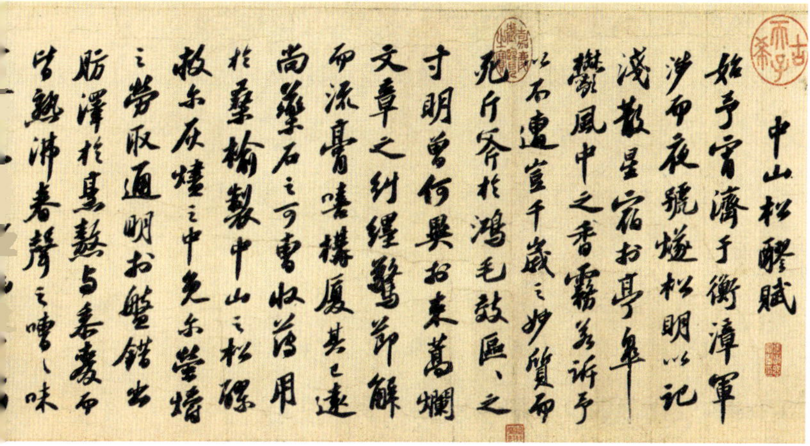

他自己独坐于清凉简陋的客舍中细听屋外的嘈杂雨声。大厅之中是稀稀落落的饮酒用食之客，淡淡的酒香顺着门缝飘了进来。苏轼忽然记起所带行李中的中山松醪酒，于是急急取出，一口一口品了起来。

酒中滋味颇多，像极了苏轼酸甜苦辣的一生。他顺着记忆缓缓忆起昔日被贬定州（今河北定县）之时，在中山一地饮酒作赋的场景。昏昏欲醉中，苏轼坐在客舍中写下了前一年所作的《中山松醪赋》。

《中山松醪赋》与《洞庭春色赋》被苏轼拼录在一起，并称为“洞庭春色中山松醪二赋”。《中山松醪赋》现亦藏于吉林省博物院。此赋用行楷书写，文中之字极其朴实淡雅、豪爽飘逸，笔力苍劲雄浑。全文结构较之其他作品，稍显规整，许是苏轼已步入晚年，心态有了很大的变化。回看字的笔画，抑扬顿挫十分纯熟，没有一个笔画失误，足见苏轼书法功力深厚。

苏轼爱酒在宋朝可是出了名的。除了“洞庭春色酒”“中山松醪酒”，他品尝过的名酒还真是多得不得了。

北宋仁宗嘉祐六年（1061），苏轼才刚刚 24 岁。他被派往凤翔（今陕西宝鸡）一地担任判官。相传，凤翔得名于“凤鸣于岐，翔于雍”的传说。唐代，朝廷在此地设立了西府台，后人皆称此地为“西府凤翔”。智慧的凤翔人便将制作出的甘润味长的酒称为“西凤酒”。苏轼来到此地后，对西凤酒爱不释手，更是作诗赞曰：“花开酒美盍言归，来看南山冷翠微。”

除此以外，爱喝酒的宋人们在新年之时必喝一种有名的药酒——屠苏酒。相传此酒乃“神医”华佗亲自配制的秘方，经“药王”孙思邈反复试验后推而广之。古人认为屠苏酒可以驱邪避灾，故新年伊始，宋人们皆喝此酒，希望避除妖魔邪气。

除了苏轼之外，大碗喝酒、大口吃肉的还有那梁山中的一百零八位好汉呢！然而，既能喝酒还能写出《中山松醪赋》的，在宋朝却仅有苏轼一人。

《渡海帖》难舍的故土 不变的故人

儋州（今海南儋州）的天一直都是湛蓝色的，连云朵也极其厚爱这里，安然地躲在高远的天际中静静舒睡。只是日光太过炽烈，刺眼的光芒齐刷刷地射了下来，打在松软的沙滩上、照在起伏不定的海面上、洒在枝叶硕大的椰子树上，使万物显得有些疲倦。海风吹起，送来了一波波哗哗作响的浪花，流光闪闪的海面荡起了一层叠一层的波涛，甚是好看。

可海实在宽大，茫茫的湛蓝色仿佛要伸向南海中神秘莫测的仙人居所，根本寻不到边际。苏轼一手拄着拐杖一手扶着海岸边粗壮的椰子树，苍老的脸庞布满沟壑。他直直地望着远处的海平面。半晌之后，一叶弯弯的苇舟摇摇晃晃地飘了过来。船夫立在船尾尽力摆橹，怕稍有不慎就掉进海水之中。

苏轼的眼睛不曾离船片刻，也生怕一个眨眼就再也望不见这翩翩小舟。他忆起绍圣四年（1097）接到官家（宋哲宗）诏令的那一刻，他的心是冰凉的，仿佛瞬间跌进了冰窖之中。彼时的他已被贬在惠州（今广东惠州）一带。惠州还不算遥远吗？官家竟又要他前往自古流放囚徒的荒蛮之地儋州。

无奈，苏轼辞别儿孙，孤身乘扁舟漂洋过海来到此地。既来之，则安之。在无肉无酒无银钱的情况下，苏轼硬是凭着坚韧的毅力开讲座、办学堂度日，苦苦熬了三年。元符三年正月己卯（1100 年 2 月 23 日），哲宗赵煦病逝，徽宗赵佶继位称帝。一生豪情、半生被贬的苏轼很快得到了官家的赦令，前往廉州（今广西合浦）。

渡船很快来到眼前，苏轼拄着拐杖一步一回首地望着这片蛮荒之地，缓缓登上了船。岸上有相熟的百姓前来送行。海面看似平静，微微海风荡起层层波涛，摇摆不定的归途似乎格外漫长。不知过了多久，船中的苏轼听见船夫说："大人，已到澄迈了，路途还很遥远，今日先在此处休息吧！"饱受五脏六腑翻江倒海之苦的苏轼当即决定在此地暂做休息。

在澄迈住下不久，苏轼老友赵梦得之子闻讯赶来拜访。苏轼心中不免悲伤：如今已 63 岁的高龄了，人生之路可能即将到达尽头，海南之地如此偏远，只怕今后再难来此，临走之时多想再见梦得友人一面，怕是无缘了。

言念至此，苏轼不禁眼眶泛红。他想给老友留几句问候，于是缓铺书纸，提笔写道：“轼将渡海，宿澄迈，承令子见访，知从者未归……”苏轼一口气写完，为后人留下了《渡海帖》。《渡海帖》虽是仓促之作，但字里行间呈现出了一种浑然天成之象。其中用笔极其苍劲潇洒。字体结构微微右扬，整体看起来格外刚劲恢宏。许是半生被贬的生涯终于结束，没有落得客死蛮荒之地的结果，苏轼行笔间透出几分愉悦之情。

再细看，却又觉得此字迹与之前的各位书法大家似乎并无相似之处，十分新颖独特。这倒与苏轼在文艺创作上的观念不谋而合，他向来主张“自出新意，不践古人”。故无论是词、文，还是书法，苏轼创作的作品都自抒胸臆，独出机杼。

时间过得极快，在澄迈短暂的休整结束了，苏轼登上轻舟继续远行。他匆忙之中留下的那幅既喜欢又不舍的《渡海帖》此时想必已经到了友人赵梦得的手中。不知这片湛蓝的彼岸是否有人手持信

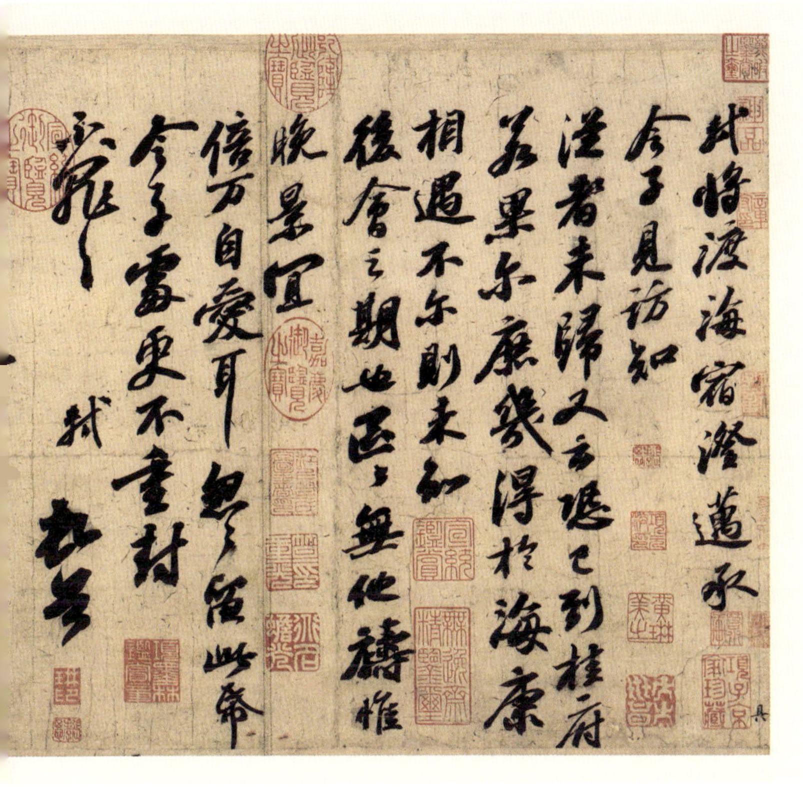

札对海远望，怀念昔日无数个日夜中的点点友谊……

《渡海帖》纵 28.6 厘米，横 40.2 厘米，现藏于台北故宫博物院。此帖是苏轼在海南澄迈所写。

《李白仙诗卷》荒唐一梦

是夜，更深露重，寂静空巷中有一处幽雅之所。斑斑烛火点亮院子，其中别致的居室里，隐隐映出了室中人影。原来是苏轼坐在一简陋古朴的桌案边展卷细读。他看得格外入神，都没有察觉到桌上烛火燃烧得极快。浓黑的烛芯卷起，橘红色的火苗顿时摇摇晃晃。苏轼转过头来，拿起案上一把有些生锈的剪刀，咔嚓一声剪掉了妨碍燃烧的烛花。烛光即刻恢复原样，不偏不倚地照在苏轼手持的书上，明亮极了！

“人生烛上花，光灭巧妍尽。春风绕树头，日与化工进。只知雨露贪，不闻零落近。我昔飞骨时，惨见当涂坟……”苏轼似是极其喜爱这首据传为诗仙李白所作的诗。他慢慢品读，低沉的声音打破了寂静的夜晚，也把苏轼的思绪扯向了遥远的地方。半晌之后，困意袭来。苏轼轻轻褪去外衣，平躺在床榻上紧紧闭起双眼，可手中拿着的依然是写有那首诗的李白诗集……

咦？这是何处？白茫茫的云雾极其浓厚，苏轼站在上面惊疑地四处寻望，见远处似有仙人驾鹤而来，他立刻奔了过去想要一问究竟。可仙人却急急奔向他的身后。苏轼好奇地扭过头看：好一座恢宏气派的南天门！飞龙缠着巨大的石柱，身姿甚是威武，天兵天将身穿银白色铠甲笔直地立在南天门两侧。

“莫不是我来到了天宫之中？”苏轼惊讶极了。他有些紧张地望着南天门大门口。他两鬓花白，面容苍老，身披一土灰色的外袍，怎么看都与这里格格不入。有仙女从南天门中飘然而出，她们身穿七彩流光霞衣裙，青丝高高盘起。有的头戴珍珠流苏长步摇，有的则插了几根珍珠玲珑八宝簪，还有的额前点着莲花样的花钿。如玉的脸庞上轻轻荡着微微笑意，星光点点的秋波真像一汪银河水。纤纤玉手中皆提着百花编制的果篮，许是要到蟠桃园中采摘一番。真是美极了！

苏轼看得有些呆傻，一时间竟没发觉仙人们正陆陆续续走进南天门。突然的一声鸟鸣，打断了苏轼的思绪。只见　只巨大无比的凤凰在上空盘旋，炙热的火焰在凤凰身上熊熊燃烧，金色的羽翎发出比日光还要耀眼的光芒。苏轼渐感到热气扑面而来。正在他惊讶之时，人群中有仙者急急开口：“哎呀，凤凰催促，我得走快点了。”苏轼正纳闷，他顺着人群望去，却瞥见一熟悉面孔。

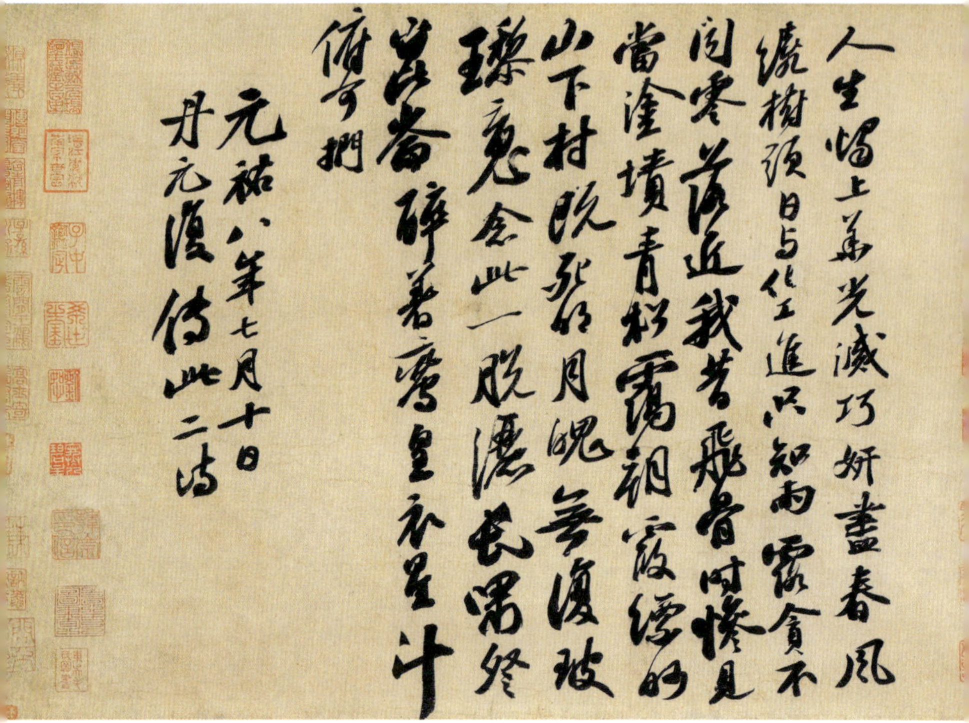

“谪仙人，谪仙人……”苏轼边跑边唤，原来他竟看到了唐朝诗人李白。李白身着白衣华服，相貌堂堂。

“你是何人？怎知我凡间名号？”李白好奇地挑高眉问道。

“我……我姓苏名轼……该如何说呢？您号称唐朝‘诗仙’，而我在如今的宋朝也有些才名。”苏轼自信地介绍着，语气中还有一丝丝的兴奋。

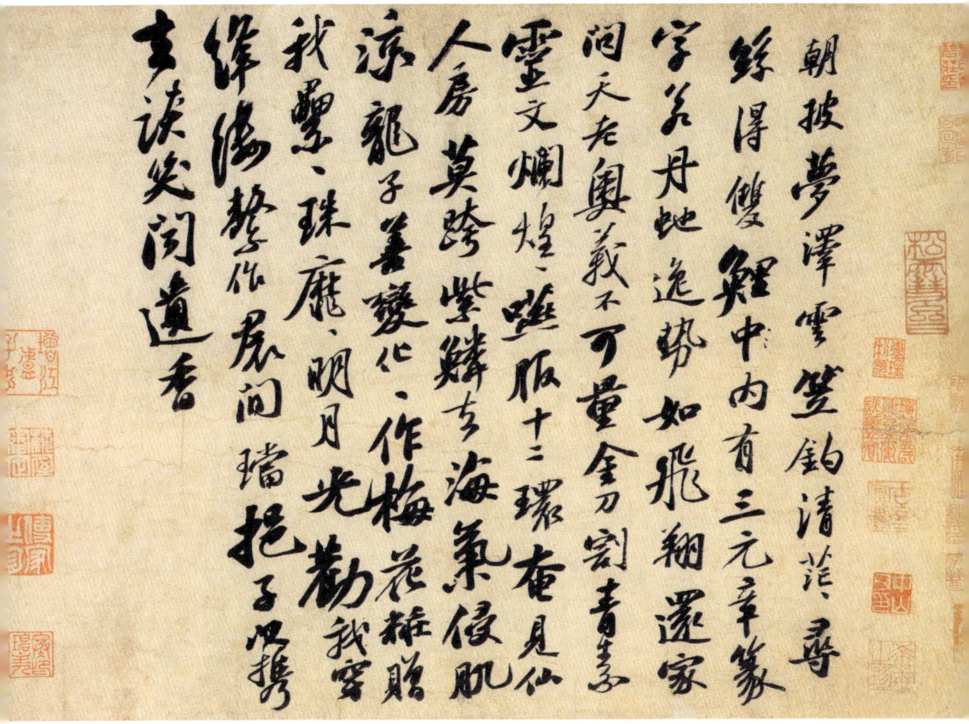

“哦？听来你还是一位凡人啊！那你今日是受了王母之邀吗？”李白疑惑极了。

“不不，我本来在家中读您的诗，不承想睡着之后竟来到了这里。”苏轼闻言，连忙解释起来。

“你读的是我哪首诗？”李白高兴地问道。

苏轼稍作思考后便告知其诗名。

“哈哈，能读此诗者想必与我臭味相投吧！你空有一身才学，却无处报国，本想立身朝廷，却不屑与蝇营狗苟钻营弄权者为伍。生性豪迈爽朗，却常常被人误解，生活贫苦，误及亲友。我说得对吗？”李白说罢大笑起来。

“您真不愧为李大家。我本以为您的才学已经是世间仅有了，不承想相人之术您也了得。”许是身在如此境地，苏轼不免有些过于激动。

“什么相人之术，这都是我的经历罢了。好了，我得走了，王母今日宴请诸仙，我还得赶着去给王母献诗呢！”李白话音落地，挥手道别。

苏轼还想再说些什么，可李白已经走远，他望着李白的身影正觉得有些可惜。谁知李白快要进入南天门之时停了下来，转身朝苏轼大声说：“回去吧！凡人皆有苦，只是你不知，缥缈红尘中，诸事多不易。不如苦中作乐，其乐才无穷啊！”

李白的话，让苏轼仿佛醍醐灌顶，只觉脑海之中一道灵光闪现，随后便坠入了无底黑洞。

咚的一声，惊醒了床榻上熟睡的苏轼，原来是那本李白诗集从他手中滑落。苏轼顿时睡意全无，他细细回想了刚才的梦。“苦中作乐，其乐无穷……”苏轼坐在床边不断喃喃自语。猛然间，他站起身来，走到桌案边，铺纸磨墨，提笔写下此诗。

只见纸上之字用行书写成，既不像楷书那样端庄规整，也不似草书那般潦草张扬，一撇一捺间包含着苏轼此时饱满的情绪。他用笔千变万化、字态飞逸、跌宕洒脱，字迹粗细交替、变幻有度却又一气呵成。说意到、情到则字到，还真是一点也不为过。

轻风顺着门缝吹了进来，明晃晃的烛火不停摇摆。苏轼看着墨迹已干的作品，暗暗在心中感慨：还真是一首好诗。今日之字，写得真是痛快！窗外的夜也不那么黑了，远处的天际微微露出了霞光。苏轼半倚窗台，弓着身体，凝着眸光望向远处。清脆的鸡啼声划破长空，苏轼不由得说："这可真是一个荒唐有趣的夜啊！"

注：《李白仙诗卷》为元祐八年（1093）苏轼所书。此卷纵 34.5 厘米，横 106 厘米，现藏于日本大阪市立美术馆。

《归安丘园帖》破碎的友情

子厚吾兄：

日前来信，劳您回复。得知您身体康健无虞，内心宽慰。还归故里，可于家园中安居，正是早年间你我共同之愿。如今兄可先弟如愿，轼羡慕之余，只能翘首企盼。但您已深入官场，不知能否真正脱身？只恨你我无缘见面，交耳倾诉往事种种。来使即将归去，感激之意唯在心间，不宣于口！苏轼叩头再拜，子厚宫使正议兄执事。

十二月二十七日

《归安丘园帖》，苏轼行书一札，于北宋元祐元年（1086）作，此札还有一名为《致子厚宫使正议尺牍》。显而易见，此乃苏轼写给宫使正议子厚的一封信。

子厚，为章惇的字，章惇是北宋中期有名的政治家、改革家与书法家。北宋仁宗嘉祐二年（1057），苏轼与章惇同年进士及第。二人兴趣爱好也极为相似。后苏轼在陕西任职之时，常常与章惇一起游山玩水，纵情享乐，两人成为密友。

章惇生性刚强好胜，与豪迈无惧的苏轼在政事中意见迥然不同。熙宁二年（1069），王安石在宋神宗的支持下，开启了漫长的熙宁变法。变法很快搅荡起朝廷风云，新旧党争日益加重。苏轼因与章惇政治观念不同，分处于不同的党派之中。支持新法的章惇在官家的重视之下平步青云，而身处旧党阵营中的苏轼被贬黄州，只留虚职。

好在多年友情并未因此而生嫌隙。二人分离两地期间，依然常常书信来往。这或许是二人对友情最好的维护。

苏轼一生命途多舛，仕途极为不顺。北宋神宗元丰二年（1079），乌台诗案爆发，苏轼因诗文获罪，被下狱关押。章惇挺身而出，为好友苏轼争辩，顶撞宰相王珪。世人常叹“云天高谊”，此时的章惇与苏轼之情莫过于此。在狱中经历漫长的等待之后，苏轼最终保住性命，却被一贬再贬。然而苏轼生性乐观，异乡的荒凉、官场的打击并未让他一蹶不振。很快，他又开始了自娱自乐的逍遥之日。

元丰八年（1085），神宗逝世，哲宗继位。因新帝年仅十岁，太皇太后高氏开始垂帘听政。她重新启用反对新政的司

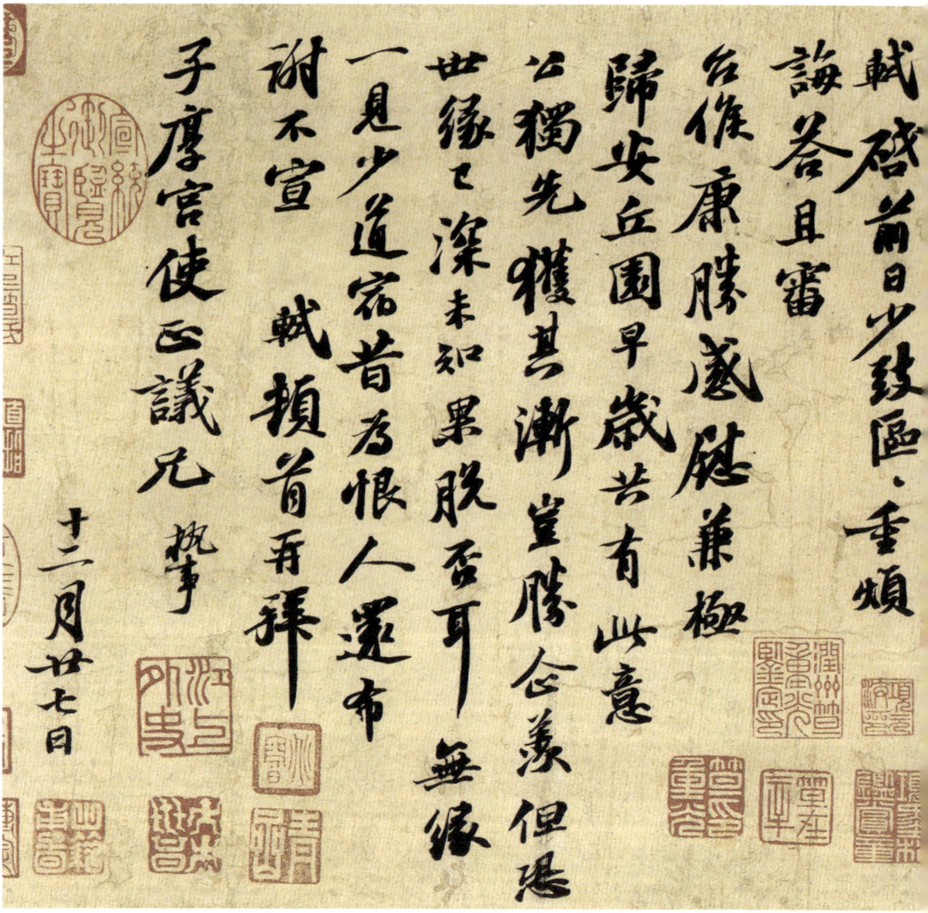

马光为相，恢复被贬在外的苏轼的官位，新政王安石一派众多官员则纷纷下台，其中就有章惇。章惇最终被贬至汝州（今河南汝州）。他念及家中八十多岁高龄的老父，百般恳请朝廷将自己调去杭州任职，奈何未能如愿。

苏轼为开解章惇，写下了这封《归安丘园帖》，劝其尽舍功名利禄，于家园中安居乐业。可命运似乎一直和这两位昔日的友人开着巨大的玩笑。章惇对此信并未给予回复，他一再受到百官弹劾，久久不能回家照顾老父，心中挂念不已。后来，改任的任命书刚到章惇手中，他便马不停蹄地赶回家中，却发现父亲早已去世。想及为官几许，竟落得不能送老父最后一程的地步，愤然之下，章惇辞去官职。

元祐八年（1093），太皇太后高氏崩逝，哲宗亲政，此时的朝堂皆是旧党一派。为使朝廷政治恢复平衡，哲宗不顾众臣反对，重启了先皇时期施行的新政。《宋史》一书对此有详细的记载："哲宗亲政，不专用元祐近例，稍复熙宁、元丰之制。自是用法以后冲前，改更纷然，而刑制紊矣……"

苏轼、苏辙辉煌不再，旧党一派接连被贬。章惇重新回归朝廷，受哲宗重用，登上宰相一职。苏氏兄弟又一次成为云谲波诡的朝堂争斗的牺牲品，苏辙被贬至雷州（今广东雷州），苏轼被贬至惠州（今广东惠州），而后又被贬至与惠州隔海相望的海南荒地。

元符三年（1100），徽宗赵佶继位，苏轼得以被赦免，回到朝廷任职，章惇已被罢去了宰相一职。此时的苏轼 63 岁，章惇已经 65 岁。命运兜兜转转，何曾宽容过谁？念及种种往事，苏轼早已看淡，爱恨情仇皆随风而去。

北宋建中靖国元年（1101），苏轼在北还之时，病逝于途中常州（今江苏常州）一地，年 64 岁。而这一年，章惇被贬之地，正是苏辙待过的雷州。

五年之后，即北宋崇宁五年（1106），章惇去世，年 71 岁。

若章惇在收到《归安丘园帖》时，选择隐世而过，想必他与苏轼之间的友谊定能成为历史长河中的一段美谈佳话。可世上没有后悔药，如今我们也只能在这封言简情真的《归安丘园帖》中，再次感受苏轼笔下的率性自然。帖中字书写得圆润舒展。虽是一封寻常信札，但一笔一画中皆显示出其雄浑老练的功法，以及缓缓流露的真意。

《归安丘园帖》纵 25.6 厘米，横 31.1 厘米，现藏于台北故宫博物院。看着这幅见证着二人友情的字，令人不由得想起南唐后主李煜的一句诗文：“往事已成空，还如一梦中。”但愿，梦中的苏轼与章惇依然是最初的模样。

黄庭坚
宋代的草书大家

《松风阁诗帖》特别的冬至 盛大的“祭天”

红日当头，暖风轻轻拂过大地，散云懒洋洋地飘浮于半空。群山悠悠而立、绵绵不绝，片片浓绿郁郁葱葱。不承想，在这鄂城（今湖北鄂州）樊山之中，竟有如此妙地美景。远看青山高低起伏，一山未完一山又起，浩浩荡荡之势绵绵不绝。然山并不算高，峦背缓缓而起，微微倾斜向茫茫天色之中。

顽石星星点点铺盖在山峦上，或大或小坦然而立，早已与山川融为一体。有风微微吹来，卷起了山中绿浪，似是天宫仙乐悠悠飘来，处处皆是沙沙声。溪流许是被仙乐打动，故作叮咚之声渐渐和起音来。栖息之鸟怎能甘心？它们可是歌中王者，于是也开始以婉转的歌声来回应，雄浑清秀的山川顿时热闹非凡。

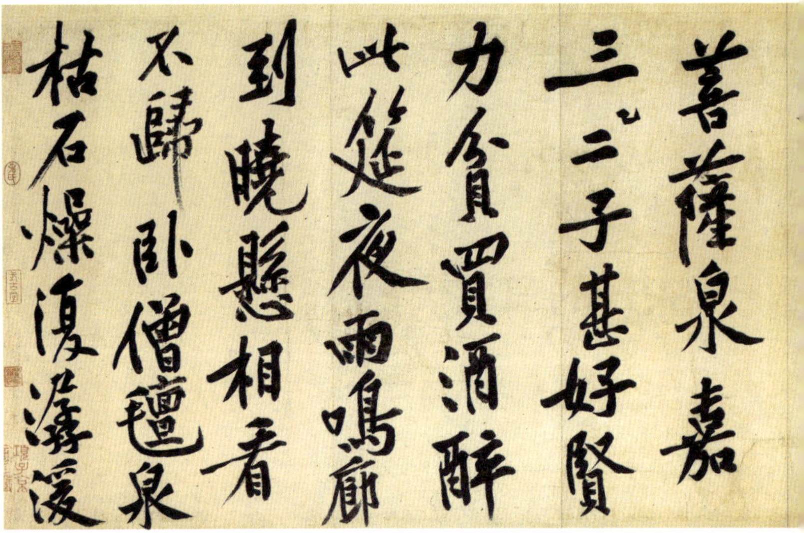

黄庭坚与友人拄着细长的木棍，倚着巨树站在山背之上，遥遥眺望这片奇山秀水。闪亮的汗珠从他脸颊悄悄滴落。他拿起怀中绢布轻轻擦拭，爽朗的笑意微微荡在嘴角，漆黑的眼眸中净是轻松愉悦之色。友人与黄庭坚相视一笑，拄起木棍走向山中深处。

山林之路并不好走。许是已经耗费许多精力，二人看起来有些吃力。可他们并未停下脚步，盖因心中早有周密的计划。许久，黄庭坚紧了紧斜系在背后的包裹，抬头顺着蜿蜒山路远远望去。只见山尽头处，宽敞素雅的灵泉寺静立于飘摇的松林之中。他扭头对友人说道："看山路还远，天色已晚，

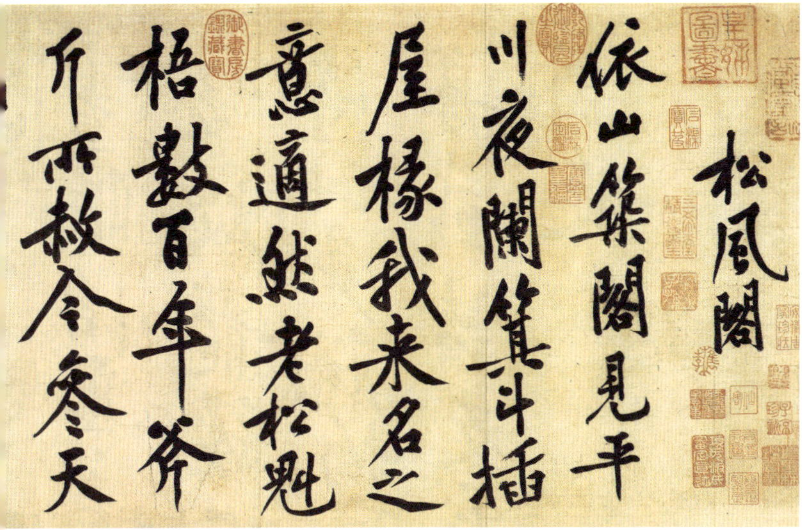

不如今夜就在此休息。”友人大口喘着粗气，连连点头同意。

山中夜色逐渐袭来，寺庙中的僧人将他们二人引至后山的亭阁中。黄庭坚定睛细看，露出惊喜之色：阁楼的牌匾上正写着“松风阁”三字。他对身侧的友人说道：“未曾想到此处竟如此高雅脱俗，真是好极了！”友人笑着拍了拍他的肩膀，接着说道：“唉，我可是腿脚疼得不得了，要赶紧躺一下了。”黄庭坚似是没有听见一般走向阁楼敞开的窗户。屋外是树影幢幢的松林，淡淡的月光倾洒下来，松林似是披上了一层荧光轻纱，格外秀美。夜风渐大，在浓密的松林中呼号而过。

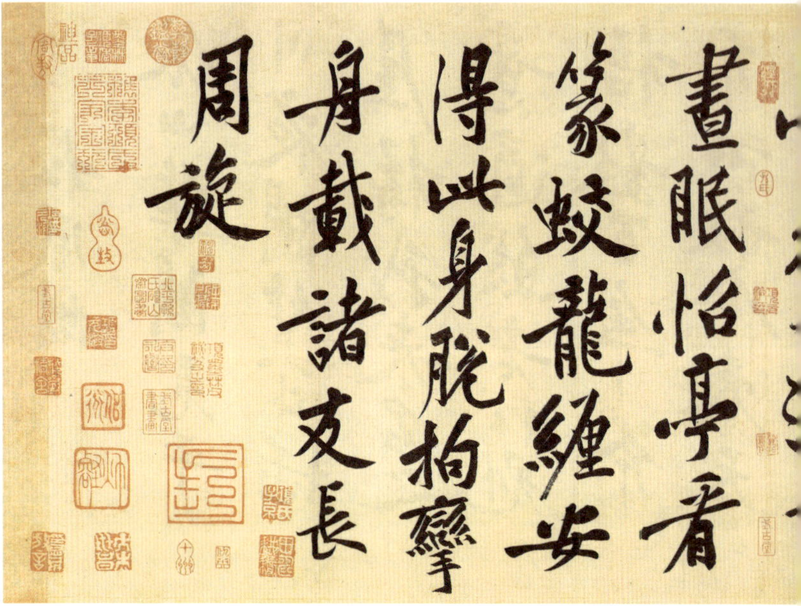

黄庭坚在窗台前看了许久，不由想起昔日与好友苏轼一起对月当歌、饮酒赋诗的情景。他的眼眶红了起来：若是好友在此，一定又是一个对月畅饮的不眠之夜。可惜苏轼已经去世一年多，独留黄庭坚在沧桑天地中孤影度日。想起与苏轼相交的一幕幕，黄庭坚用力关上了窗户。友人酣睡的声息飘荡在室内。黄庭坚静立片刻，走向有些破旧的桌案边，打开包袱，拿出纸笔愤愤写道："依山筑阁见平川，夜阑箕斗插屋椽。我来名之意适然……"

半晌过去了，屋里除了笔墨低沉的摩擦之声，听不到丁

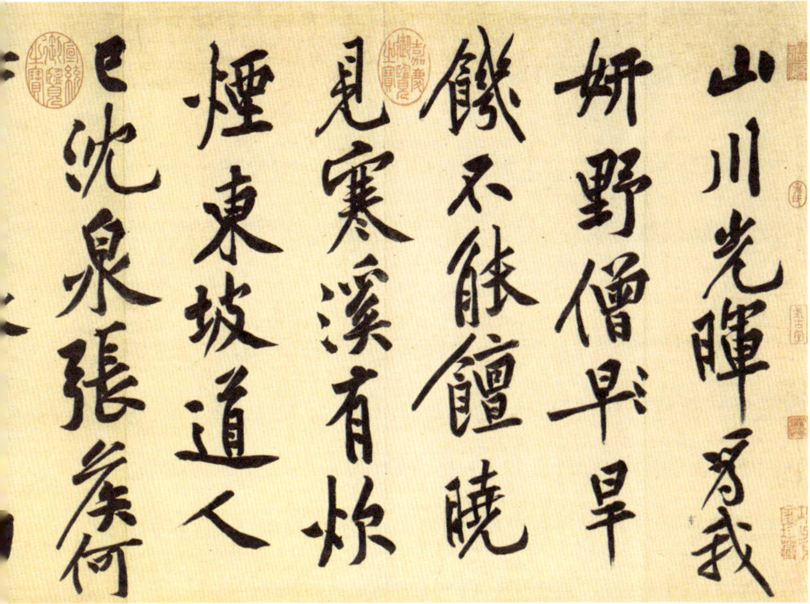

点儿余音。黄庭坚有些疲倦地坐在桌案边，看着刚写好的《松风阁诗帖》，缓缓闭上眼睛。夜，变得更静了。只有山下江水浩浩，山上松林滔滔……

黄庭坚作诗并亲笔书写的《松风阁诗帖》，纵 32.8 厘米，横 219.2 厘米。帖中全文共 29 行，153 字。现藏于中国台北故宫博物院。北宋徽宗崇宁元年（1102）九月，黄庭坚与友人登山游玩之时，路过一片松林。松林之中有一寺庙名西山灵泉寺，寺旁有一典雅亭阁，黄庭坚与友人便在此处夜宿。黑夜漫漫孤寂，屋外松涛低吼不绝，黄庭坚不免想起了一生中的至交好友苏轼。苏轼已经于一年前去世，黄庭坚思绪联翩，遂写下了这篇行书中的精品。

此时的黄庭坚已经 57 岁，他一生与苏轼惺惺相惜，亦师亦友，彼此成就。二人的经历无论是在生活上还是在仕途上都非常相似。他与苏轼、米芾、蔡襄均擅长书法，被合称为“宋四家”。在宋朝众多书法大家中，黄庭坚显得有些异类，他所写的字极具节奏感与律动感，一笔一画飞扬舞动，大张大合自然顺畅。世人为他独特的笔法取了一个好听的名字——荡桨笔法。此笔法像是船夫挥桨，一波三折，笔长而苍劲，跌宕却圆润，看似无拘无束的字迹，潇洒中又带有含蓄，韵味十足。

松风阁位于鄂城樊山上的灵泉寺附近。相传樊山曾是三国时期吴王孙权举行祭天礼的地方。祭天即祭祀天神，是古代非常重大的祭祀活动。早在上古时期，人们在日积月累的生产生活经验中，就形成了与天沟通的意识。古人认为，通过与上天的沟通，可以满足他们生活中的诸多需求，因此便有了祭天的礼仪。

祭天的过程隆重且繁杂。对于历朝历代的帝王来说，祭天间接地象征着皇权的合法性。“昊天上帝”便是在这种环境下产生的。传说，昊天上帝是主宰宇宙万物的神，也是历代王朝的至高神，日月、星辰、风雨、雷电皆是他的使者。他的身边还有五方上帝精心辅佐。

两宋王朝，祭天大典也备受重视。宋王朝将冬至定为祭天的日子。文武百官会为这三年一次的仪式提前做不少准备。根据孟元老在《东京梦华录》中的记载：冬至的前一天，礼部尚书会亲自向官家奏请祭祀的相关事宜。在祭祀队伍的最前方，是雄伟的骑兵。他们皆穿着银色盔甲，所骑马匹也着特制的铁衣。骑兵的后面跟着七头由各种各样金饰、绸缎装扮的大象，象背上装有黄金制成的莲花宝座。骑象者也穿着富贵华丽的锦服，似天宫仙人乘象下凡般神圣。浩浩荡荡的仪仗队身着五彩甲衣紧跟其后，专门护卫着圣驾和百官前往太庙。

到了冬至三更时分，内侍官会为官家换上青衮龙袍，戴上有二十四旒点缀的平天冠，穿上华贵的朱鞋，最后由两位内侍官一路扶至祭坛前。祭坛坐北朝南处是“昊天上帝”的黄褥，另一边则是“太祖皇帝”的黄褥。自此，礼乐声响起，祭天与祭祖的仪式开始。祭坛的下面是众多作法的道士，坛外则是连绵不绝齐呼万岁的百姓……之后，皇帝还会亲自登上宫城门楼举行特赦仪式。许多被关押在狱中的囚犯将得到赦免，这对他们来说可是一次难得的重生机会。

宋朝的民间管理较前朝稍显宽松，形成许多特色鲜明的风俗。生活讲究的宋人把冬至日当成重要的节日。所谓“独乐乐不如众乐乐”，冬至祭天不再是帝王独乐，更成了千家万户的众乐。百姓会在冬至日穿上艳丽服装外出游玩。此时的街市之中热闹非常，恰似张择端《清明上河图》中描绘的那般繁荣：商户街边摆满了各色各样的小摊，戏耍杂玩的地方更是挤满了爱热闹的人。冬至日简直比年节之时还要热闹非凡，故有“肥冬瘦年”的说法。

黄庭坚夜宿樊山时，此地既没有了当年孙权祭天时庄重肃穆的氛围，也没有冬至时百姓在祭天之日里的热闹非凡，阵阵松风里寄托的是黄庭坚对苏轼的深切怀念。

《诸上座帖》霸气的草书

说起中国书法，从商朝甲骨文开始，经过金文的演变，秦汉时期的小篆、隶书的承上启下，到了东汉时期，草书开始盛行。魏晋之后，楷书与行书也逐渐盛行。至此，不同风格的中国书法在各自的领域散发着别样的光芒。

然光芒之所以存在，是因为有人的传承。传秦朝时期创造小篆字体的政治家李斯，三国时期的“楷书鼻祖”钟繇，东晋时期的行书“书圣”王羲之，唐朝时期号称“草圣”的怀素，北宋时期“宋四家”之一的黄庭坚等，这些书法大家用自己的传承和创新书写了一部中国书法史。

必须要提的是，被称为“草圣”的怀素其实是一名得道高僧。他自幼出家，打坐修禅之余经常挥毫写字，久而久之写得一手好草书。他的笔法苍劲有力，龙飞凤舞。字在他的笔下时如暴雨猛击、时如狂风旋飞，千变万化之中呈现出的是一股灵动自然的浓浓禅意。

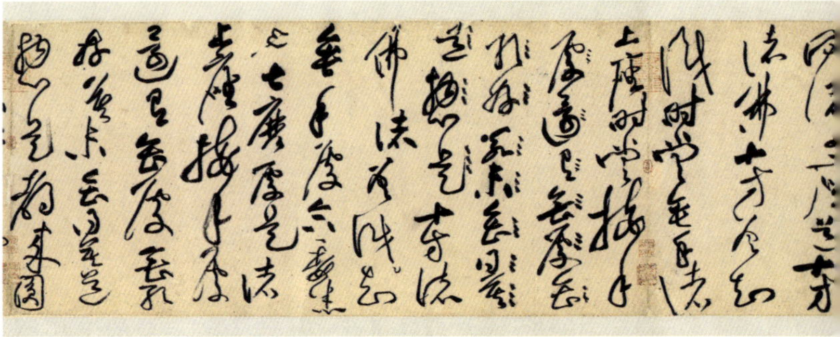

唐朝在中国历史上是一个包容性很强的朝代。它在传承本土文化的同时，又成功推动了本土文化与来自西方的宗教文化的融合，中国特色的佛教文化从此大为盛行。

两宋时期，虽然儒学与道教冲击着佛教，但民众对佛教的痴迷程度有增无减。世俗化、平民化成了当时佛教的主要流行趋势。地域的差异、文化理念的分歧、生活环境的不同等使佛教逐渐有了更为细致的分流。受时代大趋势的影响，佛

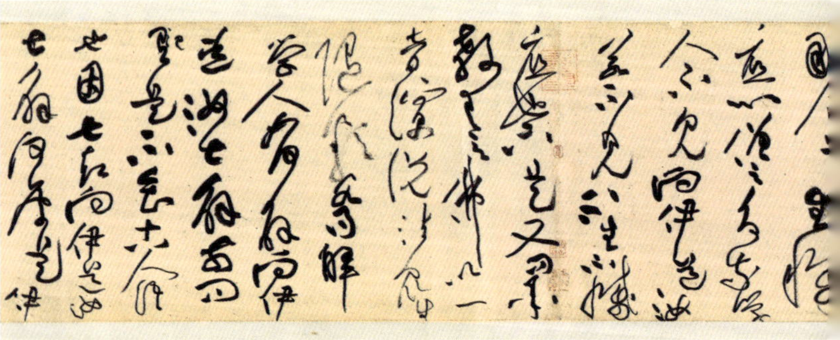

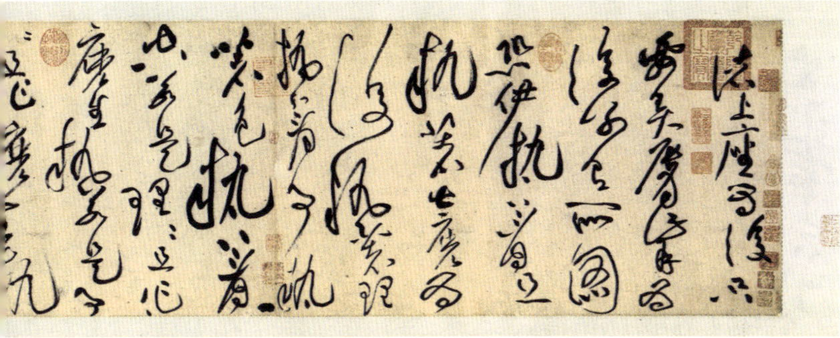

教禅宗一派的发扬尤为突出。同时，涌现了许多极富才华的出家人。

早在唐代，佛教中就已经出现了不少才华超绝的大师。相较于唐代，宋朝有名的僧人也不少。北宋时期的怀丙大师是一位非常出色的工程家。当时的赵州（今河北石家庄一带）城内有一条洨河，河上石桥歪斜，几乎快要倒塌。怀丙大师知道后带领百姓们将大量凿了洞的石头置于桥下，并往石头内

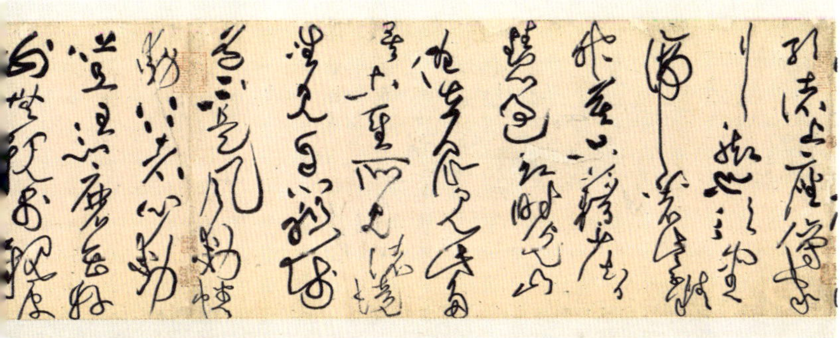

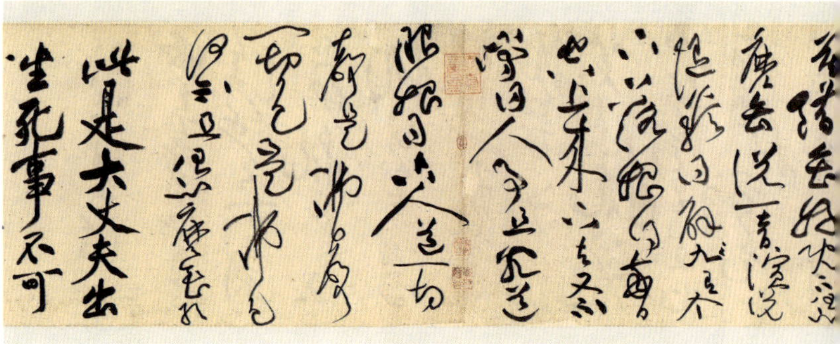

部灌入熔化的铁水，桥果然被扶正了。

北宋著名诗人梅尧臣曾言：“禅衣本坏色，不化洛阳尘。独有烟霞染，况将山水亲。”这首禅意妙趣的诗正是为昙颖大师所作。这位大师虽然从小生活在寺院之中，但论起文采他绝不输于当时的文学大家。昙颖大师十分喜爱两件事：读书和云游。书籍带来的文学熏陶与游历中感悟到的佛理禅意被他紧紧结合起来，他本人也深受北宋文人儒士的追捧。

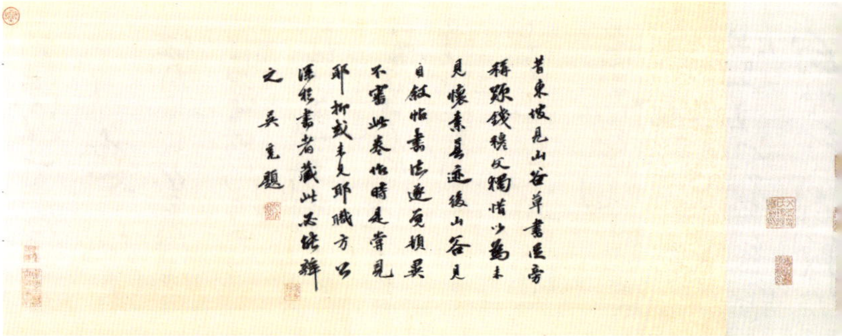

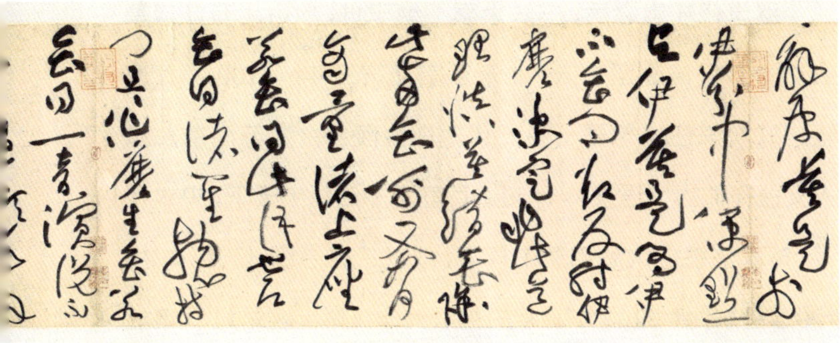

大文豪欧阳修与昙颖大师更是一直互通诗书，互探文学佛理之美。

艺术与佛教的组合在古代被文人运用得炉火纯青。二者之间看似并无关联，但在文人的笔墨之下，佛教也拥有了更广阔的一方天地。怀素的禅意，也藏于他洒脱不羁的书法作品之中。

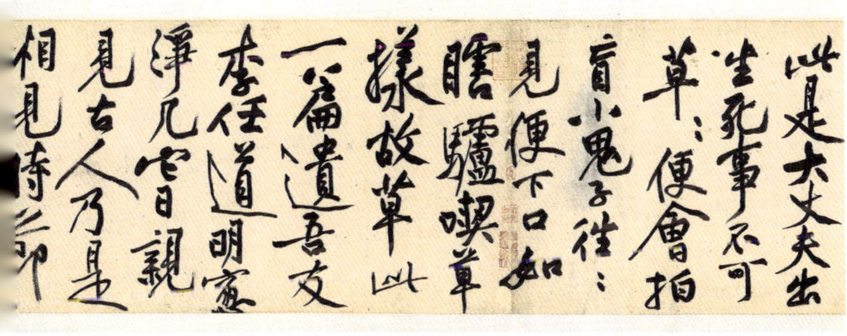

继唐代怀素之后，书法大家不绝于世，但可能有怀素草书功力者仅黄庭坚一人。北宋哲宗元符三年（1100），黄庭坚的好友李任道想要一卷五代时期金陵（今江苏南京）僧人文益禅师的《语录》。他知道黄庭坚书法独步天下，央求代写。黄庭坚答应之后用草书挥写，成就了这卷纵 33 厘米、横 729.5 厘米，共 92 行 477 字的书法大作《诸上座帖》。《诸上座帖》现藏于北京故宫博物院。此帖出世之后，被世人称为黄庭坚草书的巅峰之作。此帖字迹奔放至极，纵横之间似有龙腾虎跃之姿，超凡脱俗中带着一股禅意。字的笔法结构上内松外紧，一张一弛，气势腾然而出。笔画虽然狂放之至，但落笔与收笔粗细有序、肥瘦适宜，古朴中又有丝丝自然意趣。这足见黄庭坚尽得怀素的真传。

怀素和黄庭坚虽然相隔了三百年之久，但从《诸上座帖》可见，书法并没有随着朝代的更迭而断绝。相反，只有代代传承下去的文化才会根深蒂固。不知今天的你，是否也在展卷后感慨那些历史长河流经过的人和事？

《庞居士寒山子诗》 漫长的科举之路

寒山，并不是某座山的名字，而是一个人名。

提及寒山，不由得让人想起在唐朝盛世的表象之下，包含着的众多科举失利者的无奈。大约在唐（武周）天授二年（691），寒山出生在唐朝长安城（今陕西西安）的一个官宦人家。他从小才思敏捷、通读史书、文采斐然，被家人寄予厚望。可相传，由于他的隋朝皇室后裔的身份，他一直遭到当朝皇室的排挤与打压，连续多年参加科举考试无一次中第。面对一次又一次的失败，寒山对功名利禄和朝廷争斗逐渐看淡，在三十岁时隐居天台山（今浙江天台县城北）上的寒岩洞中。

寒山之名因此而得。

科举考试是古代政权选取人才的一种相对公平的方式，在其产生前，也有着众多其他的人才选拔方式。最初在周代，各地的族长会精心挑选本地的贤才，经过上级官员层层考核

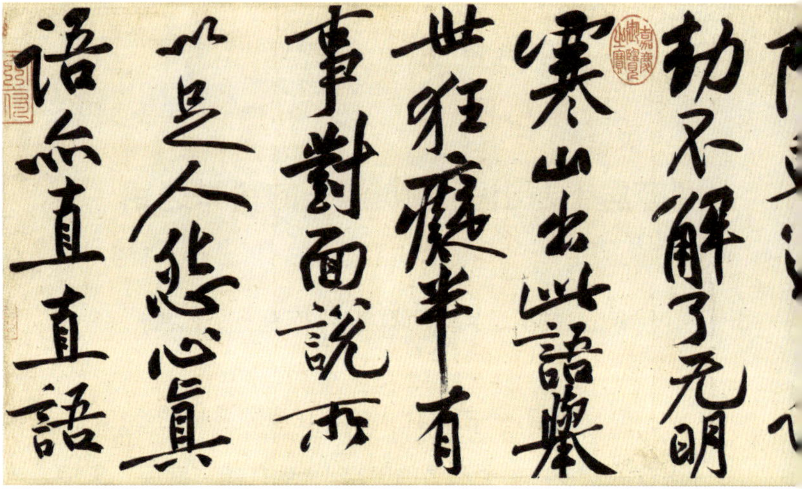

将名单呈报给朝廷。届时，君王会亲自对这些贤才进行考核。

汉代，选举人才逐渐有了比较系统的形式：征辟制和察举制。“文景之治”后，汉朝达到了空前的繁荣。在社会全面蓬勃发展的环境中，“罢黜百家，独尊儒术”的思想观念应运而生。自此，无论是帝王，还是百官，在选举人才时都十分重视“孝廉”等美好品德的考核。

到了魏晋南北朝时期，关于秀才科的策试开始有了雏形：“五问并得为上，四、三位中，二为下，一，不合与第。”意思是说，可以全部答出五个问题者是为上等人才，答出三或四个问题者是为中等人才，答出两个问题者是为下等人才，

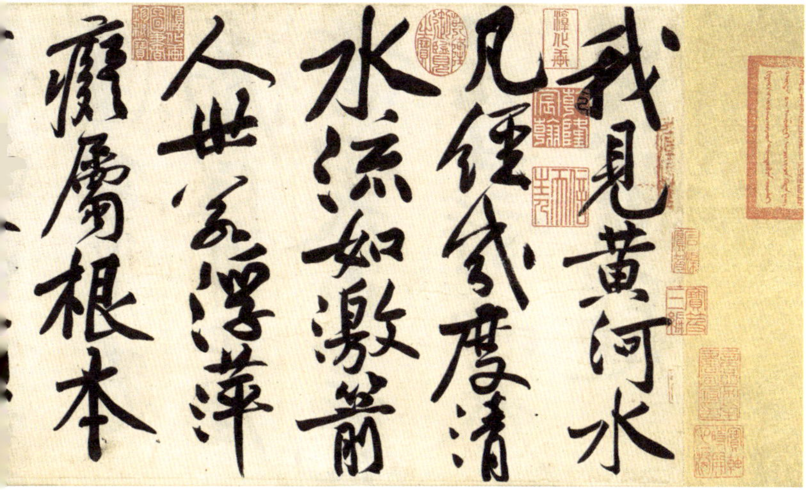

而只答出一个问题者不合格。

人才考核制度虽然起源很早，但其实直到隋唐才逐渐形成较为完备的科举制度。每年的八九月是乡里科举考试的时间，古人还为此给乡试取了一个十分应景的名字：“秋闱。”考试十分漫长，一般要经历大半个月。再加上考完送批、统计，再到发榜之日，足足要苦等一个月之久。想想都是煎熬，如此也更能体会到寒山年复一年执着后仍然不第的失落与悲哀。

时间转眼来到北宋建隆元年（960），宋太祖赵匡胤由“黄袍加身”建立了大宋王朝，推行“重文轻武”的政治措施，使宋朝在科举考试的录取范围上有所放宽。除了沿袭前

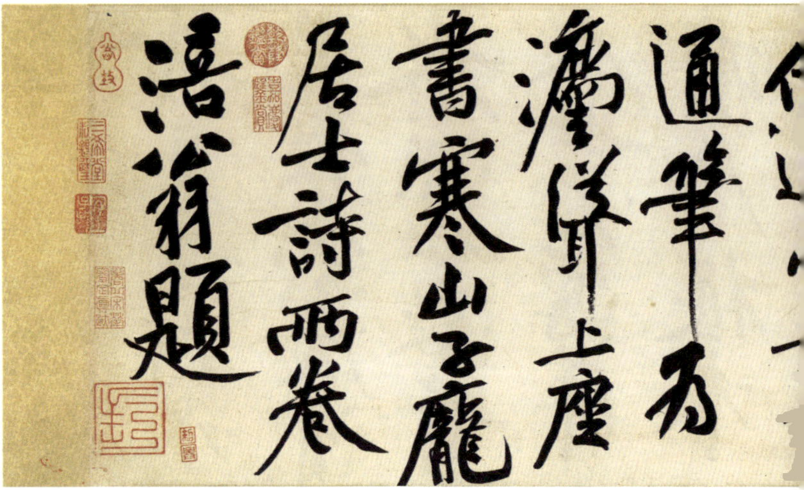

朝的科举制度外，宋朝的科举制度进一步完善。不仅扩大了录取的范围，确定了考试的固定级别，还订立了更为严密的考试规则，增加了新的考试内容。

在这些制度中，进士制度格外讲究：逐渐发展为三等进士的区分，名称也不尽相同。第一等进士被称为“进士及第”，第二等进士被称为“进士出身”，第三等进士被朝廷赐为“同进士出身”。绝对不要小瞧进士，南宋文学家吕祖谦曾言：“进士之科，往往皆为将相。”

北宋真宗大中祥符八年（1015），“先天下之忧而忧，后天下之乐而乐”的范仲淹考中进士。

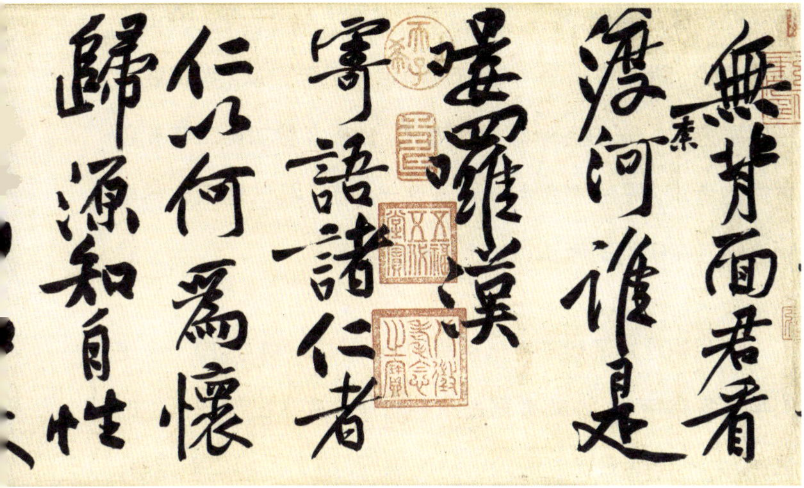

北宋仁宗天圣八年（1030），“唐宋八大家”之一的欧阳修金榜题名。

北宋英宗治平四年（1067），“江西诗派的鼻祖”黄庭坚考中三甲第一名。

南宋理宗宝祐四年（1256），二十一岁的文天祥被宋理宗亲自选为进士第一，由此历史上有了“人生自古谁无死，留取丹心照汗青”的炽热之心。

如此可见，中进士者多有成大器者。

北宋建国初期，科举考试的时间并不固定：长则两到三年举办一次，短则一年举办一次。北宋英宗治平三年（1066），经过讨论，朝廷将科举考试的时间定为三年一次。考试要经过层层选拔：先由各州府举行考试，合格者参加第二年礼部举办的考试，最后才会步入殿试这一环节。殿试是宋朝科举制度中最高级别的考试，由帝王亲自选拔。

宋朝朝廷为了科举考试花费了不少人力、物力。由于考生的字迹各有特色，许多考官在阅卷时往往会认出部分考生的试卷。为了杜绝阅卷时假公济私的情况，使文人们公平竞争，朝廷决定采用袁州（今江西宜春）李夷宾想出的一个妙招：由朝廷派人将所有考生的试卷一一誊写，这样考官在阅卷时就无法辨认字迹了。这就是宋朝的科举考试实施的誊录制度。

科举考试万中选一，再加上许多相关条件的限制，想要一举中第并非易事。历朝历代中也有许多名人与科举考试无缘。“诗仙”李白就是其中之一。《旧唐书》有云：“凡官人身及同居大功以上亲，自执工商，家专其业，及风疾、使酒皆不得入仕。”相传出身于商人家庭的李白虽然才华横溢，就是因为出身问题一生无法参加科举考试。

清朝有名的大才子蒲松龄 19 岁便开始参加科举考试。可他考了 40 多年都没有中举。后来朝廷被他的执着打动，在他 70 来岁时，按照惯例为他补了“岁贡生”。这有点类似现在的学校保送生。只可惜这等好事来得太迟了，4 年之后，蒲松龄就去世了。

相比之下，遁入空门的寒山虽然一生清贫，但他在科举考试时受伤的心似乎在佛理之中得到了解脱。不然他怎会写下一首首蕴含人生哲理、颇有佛家思想的诗偈？满身才华却半生遭贬谪的黄庭坚当然不会错过如此精彩的禅诗。这不，他将寒山劝戒诗与唐代著名居士庞蕴的诗偈共同泼墨入纸：

“我见黄河水，凡经几度清。水流如激箭，人世若浮萍。痴属根本业，爱为烦恼阬。轮回几许劫，不解了无明。寒山出此语，举世狂痴半。有事对面说，所以足人怨。心真语亦直，直语无背面。君看渡奈河，谁是喽罗汉。寄语诸仁者，仁以何为怀。归源知自性，自性即如来。”

这幅《庞居士寒山子诗》纵 29.1 厘米，横 213.8 厘米，现藏于台北故宫博物院。黄庭坚不仅在草书上深得书法家怀素真传，他的行书也极具特色。此帖中的字迹磅礴大气，起笔干净利落、落笔有力沉稳，一笔一画皆灵动舒展。黄庭坚的创新意识在这卷字帖中也展现得淋漓尽致。细看帖中字，大多字体的笔画都被特意拉长：这不仅打破了字体原本的呆板之态，更使其看起来神采飞扬。

也只有这种悠闲凝练的笔法才能配得上远离红尘俗世的寒山。或许，享受过荣华、历尽坎坷、经历过人生高涨低落的黄庭坚，才是最懂《庞居士寒山子诗》的人。

《砥柱铭卷》名留青史的宰相

唐太宗贞观十一年（637）。

晴日悬空，碧云悠悠，细风扬起绿枝密叶，正是人间好时节。洛阳城郊外一支队伍蜿蜒前行。定睛细看，方才瞧清：乃是唐太宗李世民率领一众大臣前往洛阳之西巡狩。深深浅浅的密林中不断传出鸟雀惊叫，许是被这浩浩荡荡的队伍吓到了。待队伍走近，惊鸟瞬间振起羽翅，急急朝着明蓝色的半空中飞去。

李世民淡然地望着惊起之鸟，嘴角露出一丝不易察觉的笑意。他从马背一侧抽出一支长箭置于弓上，举起双臂，瞄准着目光所及之处，嗖的一声射了出去。不久，小宦官从密林深处拿起一物，一路小跑送至李世民面前，急急跪了下去："恭喜大家，一箭双雕。"随行的大臣纷纷大赞李世民箭术之高。李世民瞥了一眼箭穿过的两只黑鸦，眼中露出一股志得意满的神气。

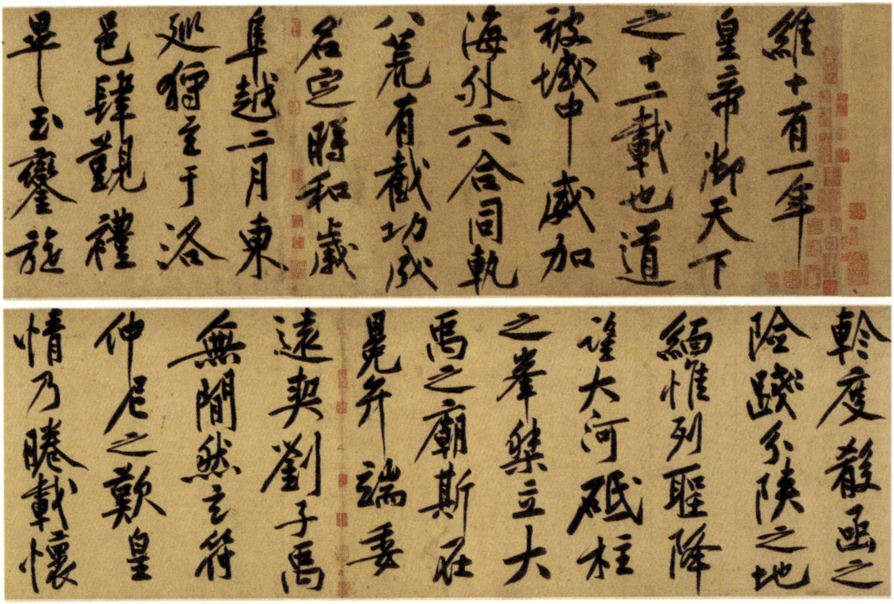

队伍并未做太久停留，急促的马蹄很快荡起了层层尘土，李世民的身影渐渐消失在了丛林中。不知过了多久，他们跨过了艰险之地函谷关，顺着激流澎湃的河水来到了黄河边。波涛翻涌的黄河水不断张开大口，似要吞掉这眼前一望无际的高地，奈何却被崖壁、巨石挡住了去路，只能激出绵绵不绝的水花。水可真是混浊，一浪扑起，卷起了大量的泥沙沉入水中，震撼极了！

李世民站在黄河岸边，望向黄河中的这块被称为“砥柱”的巨石。这块石头站在远处看似不大，到了跟前却不小，像一座山屹立于黄河之中。薄薄的水雾中，巨大的砥柱石立于水流之中，执着的水浪一下又一下地击打着它，碎成无数浪花。日光透过浓浓云层斑驳着撒了下来，砥柱石像是披上了一层莹莹的银光，河对岸的大禹庙变得清晰起来。周遭的一切仿佛都安静了，只剩下李世民心中不断翻滚的万千思绪。

不知他是否在感慨岁月匆匆，历史流逝；也不知他是否在赞赏山河壮美，万物生机盎然；更不知他是否在缅怀智慧英勇的先人。只见李世民久久凝望着在波涛浪涌之间静立的大禹庙，双手轻轻扶了扶头上的竹皮冠（据传此冠乃汉高祖

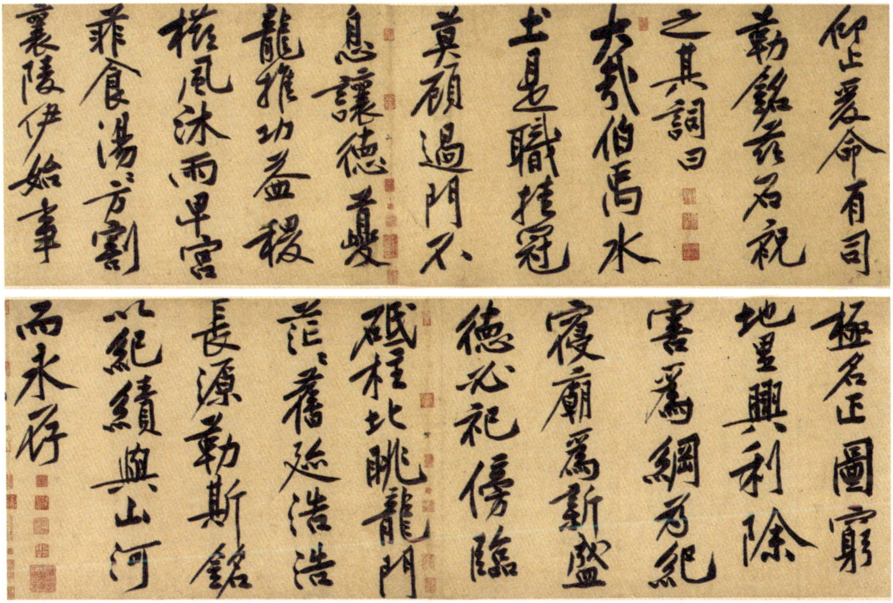

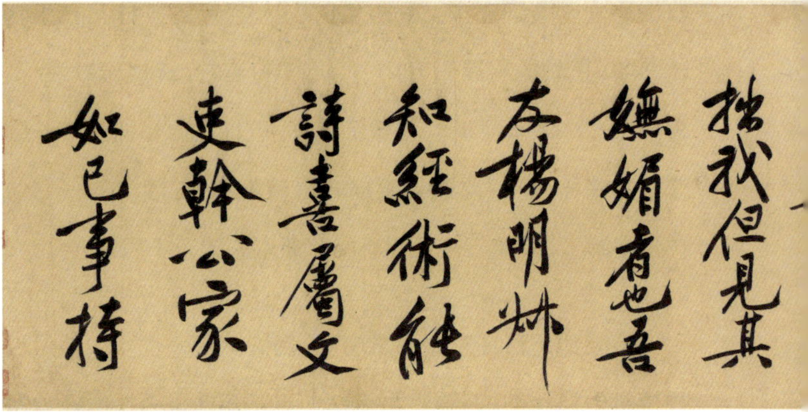

刘邦发明)。良久之后，李世民仰天长吁了一声：“大禹，还真是找不出你的缺点啊！”

沧桑的声音中带着一丝敬意，魏徵闻言后缓缓走上前去：“大家此刻像极了春秋之时的孔夫子。传言，夫子昔日也是在此地发出了此番感慨。”李世民微微扭头看了一眼眼前的这位臣子。他既是李世民最离不开的人，也是李世民最害怕的人。

“魏公此刻在想什么？”

“臣所想或许与大家所思并无二致。”

“哦？说来听听。”

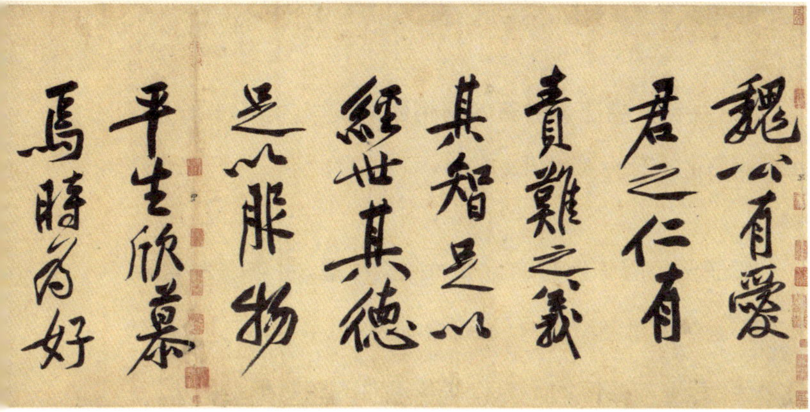

“大家登上帝位已十二年。这十二年说长不长，说短不短。眼下我朝山河无恙、万民皆安，四海之内皆向我朝称臣。大家做的其实一点也不比上古之时的禹帝差。”

“呵呵，是吗？魏公向来直言，所言必非奉承。既如此，那你就亲自撰写一篇《砥柱铭》吧！”

“臣遵旨！”

此时，太阳已升至半空，李世民拍了拍身上浮起的微微尘埃，转身走去。刚走至一半，李世民倏地回望那苍茫雄壮之象，对众人说：“走！拿起弓箭，扬起马鞭，打起精神！可不要忘了我们此行的目的。”

洪亮大气的声音久久回响在广阔的空中……

《砥柱铭》由唐朝的著名宰相魏徵撰写，北宋书法大家黄庭坚对此文甚是喜爱。

黄庭坚用凝练沉着的行书为此文挥墨。字迹硕大丰盈，一笔一画中尽显洒脱气韵。纵观全本，可见字字霸气十足、飘逸之至。起笔与落笔间足见作者运笔时的纯熟苍劲手法，字字自然俊秀又锋芒外露。黄庭坚为写此文，专门找来南唐朝廷供皇室所用的名纸——澄心堂纸。最终成就了这卷全长 10 多米的书法珍宝《砥柱铭卷》。2010 年，此卷在拍卖会上拍得了 4.368 亿元的高价。

相比仕途不顺的黄庭坚，魏徵算得上是皇帝的左膀右臂。宰相有时并不是一个具体的官名，而是历朝历代对一人

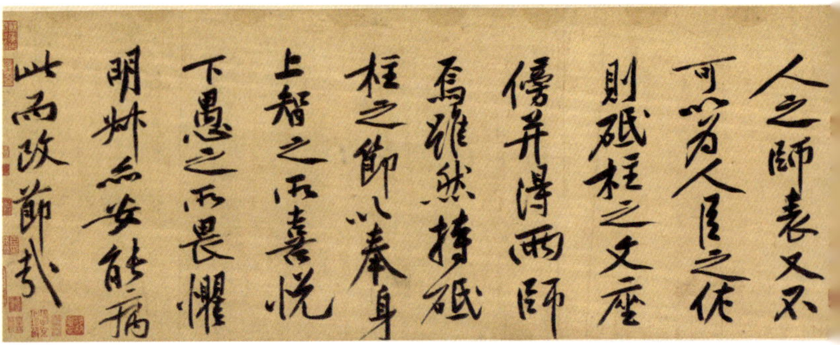

之下万人之上的最高级别官员的称谓。这一称谓最早源自春秋战国时期。此时“养士之风”盛行，许多有才能的贤士被各国招揽为相。宰相职权强大的体现是在秦始皇一统天下之后，以宰相为首，辅佐帝王政务的一套官僚机构应运而生。

中国几千年的悠久历史中，贤相众多，齐国就有一位杰出宰相（相国），他就是著名的政治家、军事家管仲。在管仲的忠心辅佐下，齐桓公最终成为春秋五霸之首，管仲也被齐桓公尊称为“仲父”。这足见此时宰相地位之高。

两宋时期也出现了不少名留青史的宰相。后周显德七年（960），赵匡胤发动“陈桥兵变”，建立大宋王朝。其中功劳最大之人要数赵普。北宋乾德二年（964），赵普被封为宰相。封相前后，他凭着自身出色的谋略和才干协助赵匡胤实施了罢去禁军宿将兵权、裁撤藩镇等一系列政治举措。

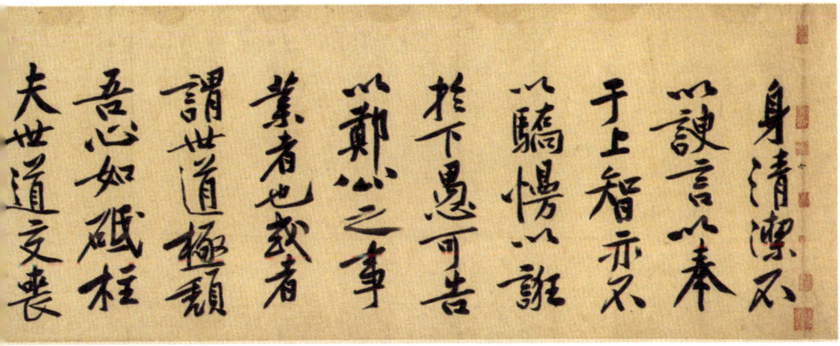

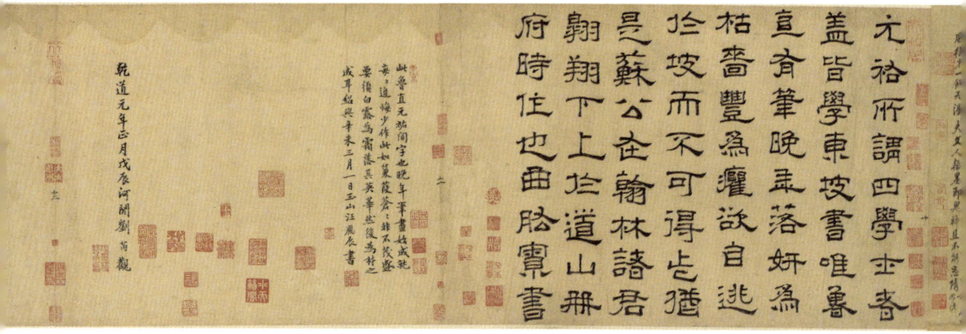

北宋天圣五年（1027），文彦博高中进士，受官家赏识，后被封为宰相。他经过了罢相再入仕的坎坷，一生共历宋仁宗、宋英宗、宋神宗、宋哲宗整整四朝，是一位名副其实的“四朝元老”。在任职期间，他为了减轻百姓负担，提出了精兵简政政策：主张裁撤冗军八万人。世人感念他的功德，称其为“贤相”。

北宋还有一位名相韩琦。北宋康定元年（1040），西夏不断侵犯北宋边境。宰相韩琦被派往前线主持作战。他用整整四年的时间对抗西夏，并以自己的人格魅力征服了一众将士，更让西夏使臣赞曰：“真贤相，非他人可比也。”边境的百姓为此还编歌一曲：“军中有一韩，西夏闻之心骨寒。”

北宋元丰年间，神宗赵顼进行了一次非常重要的官制改革，史称“元丰改制”。此次改制实际上将宰相的职位拆分为左相和右相，宰相的权力被大大削弱。

宰相们或许只是历史长河中的点点星光，但是能担此任者，多是腹有诗书气自华，胸有乾坤定天下的非凡之人。就如这卷《砥柱铭卷》一样，历史虽已过去，但他们的功绩却在后世永远传扬。

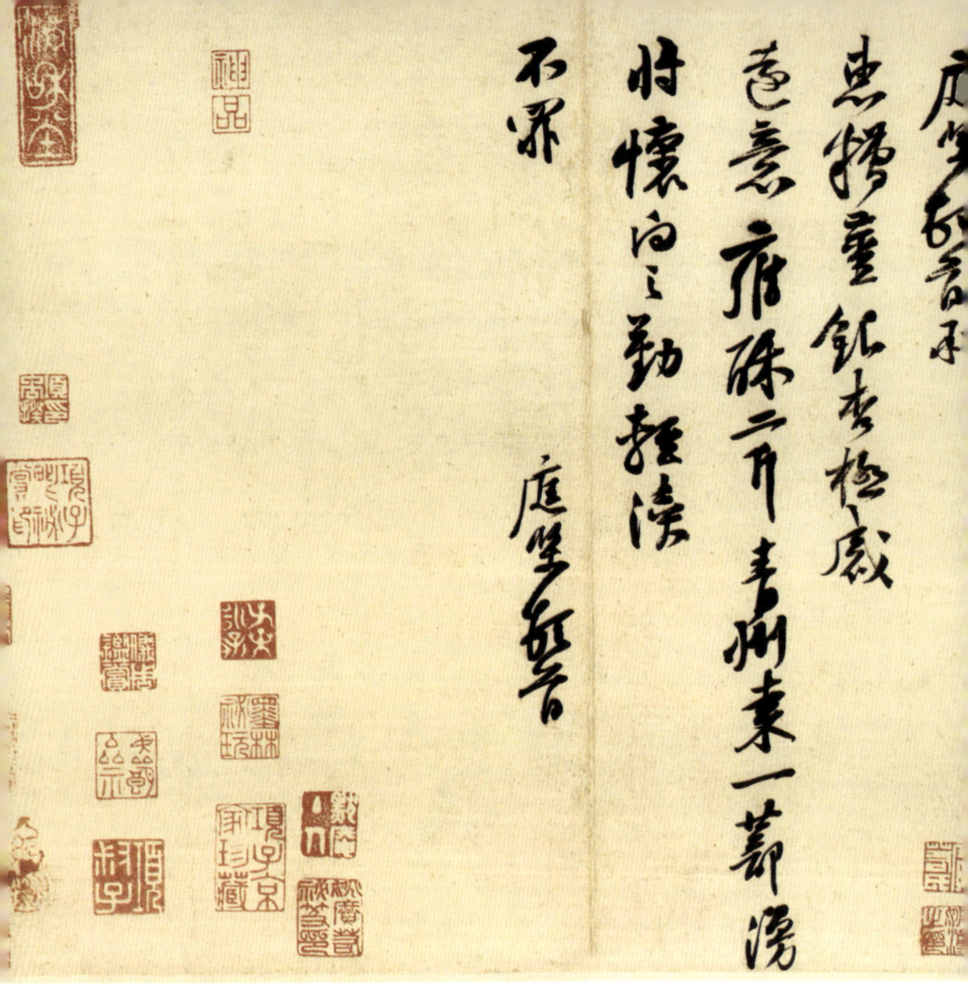

《糟姜帖》 舌尖上的宋朝

黄庭坚今日甚是开心，大老远就可瞥见他满脸笑意地从门外走来。他左手提着一个黑色木质镶花大食盒，右手拎着一坛子酒。香气顺着风飘飘荡荡，引得家中仆从纷纷注目。他目光炯炯、快步流星，片刻间便已走进屋内，在桌案边急急坐下，对着酒坛深嗅了一口浓烈的酒香后，轻轻打开了食盒。

食盒的第一层放着许多糟姜，第二层则摆着满满当当的银杏果，最后一层是一些制作精美的特色糕点小吃。好一盒子的下酒菜！黄庭坚急不可耐，他打开酒坛，倒上一碗，拿起一小块糟姜放进嘴中，仰头就干完了碗中酒。香脆与火辣在舌尖碰撞，顺着黄庭坚的喉咙很快滑进了胃中，顷刻间便唤出了层层密汗。

真是太舒爽、太开胃了！黄庭坚伸出右手，本想再来一口。可似乎觉得有些不妥。友人专门送来的美酒美菜，岂能不回以谢意，就自顾自吃了起来？他愣了愣神，向房内书桌边走去。思索良久提笔写道：庭坚顿首，承惠糟姜、银杏，极感远意，雍酥二斤，青州枣一蔀，漫将怀向之勤，轻渎不罪。庭坚顿首。

他今日之字写得很是随心所欲、自由自在。虽是一封短短的手札，但信中字意却似包含世间万象，笔势流畅，洒脱不羁。许是因为酒的缘故，黄庭坚书写得极快。其字一气呵成、酣畅淋漓。抑或是人逢喜事精神爽，今日运笔苍劲紧致，笔画变化不一，字体矫健飘逸。

黄庭坚似乎也极满意今日之字。待他写毕，定睛细看，自言自语：“好酒、好菜，当然要配好字。”声音高亢，言语间皆是藏不住的欢喜。他将信札封好，缓缓走至门外交给门口小厮，并说道：“备二斤薤酥，一蔀青州枣，要挑新鲜些的，速速送往信上地点。”小厮微微颔首，很快便消失在门口拐角处。

黄庭坚慢慢转过身来，再次坐在桌案边。闻着一坛子浓烈的美酒，看着食盒中的开胃小菜，开怀畅饮……

《糟姜帖》是黄庭坚用行书写就的一封十分短小精悍的信札，纵 28.9 厘米，横 37.6 厘米，现藏于北京故宫博物院。

此信内容简单，但字里行间溢满了黄庭坚喜悦的心情。得友人惦念，为他送来了美酒美菜，黄庭坚回以些许美食小吃、书信一封，以表谢意。

说起美食，宋人颇有心得。黄庭坚爱“个中渴羌饱汤饼，鸡苏胡麻煮同吃”；苏轼好“雪沫乳花浮午盏，蓼茸蒿笋试春盘”；陆游喜“莫笑农家腊酒浑，丰年留客足鸡豚”……

宋人爱吃会吃，得益于两宋时期繁盛热闹的大环境。就拿北宋时期的都城汴京（今河南开封）来说，人口数量的不断增长，带来人们生活需求的多样化，酒楼、茶楼、饼铺、食店等商店应运而生。据《东京梦华录》中的记载，汴京城里小吃种类十分齐全：北食段家、南食周家、肉饼食曹婆婆家、包子食鹿家……

此外，走街串巷的小贩们还会吆喝着叫卖醉蟹、腊鸡、卤鸭、鸡杂、肺肚等，口味各有不同，酸甜苦辣皆在其中。讲究生活趣味的宋人把日子过得有滋有味，不时邀上一众好友，品一坛美酒，吃一桌好菜，别提有多高兴了。

小食即小吃。如果嫌白天的街市不够热闹，那夜市的小吃一定不能错过。“小食”一词早在晋朝干宝的《搜神记》一书中便已出现。两宋时期，饮食文化蓬勃发展，夜市小吃可谓是宋人心中独一份的生活意趣。

每当夜幕来临、家家户户灯火尽燃之时，便也是街市店铺灯火通明之时。百万人口的汴京城街市上的买卖之声、酒楼中传出的歌舞管弦的靡靡之音，混杂着各类美食的气味，不禁令人想起唐朝诗人王建的那句：“夜市千灯照碧云，高楼红袖客纷纷。”

苏轼是宋朝的“美食达人”。虽然他仕途不顺，一生屡次被贬，但这丝毫没有影响到他对吃的热情。“同州羊羔”可是他非常爱吃的一道美食。其做法古朴，讲究原汁原味：将一只羊羔的腹中塞入杏酪等佐料后，上锅蒸熟即可。杏仁的苦香与蔬菜的清香冲散了羊羔本身的膻味，这种做法既简单又天然。

东坡肉、蒸子鹅、松江鱼脍等一众美食，同样是苏轼被贬之时所爱。而作为苏轼好友的黄庭坚吃得也十分别致。除了《糟姜帖》中的糟姜与银杏果以外，他还极爱吃苦笋。清炒凉拌，皆是色香味俱佳。他曾言苦笋："盖苦而有味，如忠谏之可活国；多而不害，如举士而皆得贤。"黄庭坚吃笋都已经吃出了一番境界，将美食上升到政治精神层面之中，黄庭坚当数宋朝第一人。

此外，相传宋朝美食家林洪极爱吃"拨霞供"。早年，他于武夷山中捕到了一只肥兔。在一位老食客的指导下，他将兔子肉切成薄片后，一片片放入锅炉内沸腾的汤水中煮上一煮。待煮熟后，夹起肉片蘸上酱汁，咬上一口，那真叫一个鲜香肥美。这种吃法与我们当今的火锅无异。

如果将人生比作美食，作为食客的我们如果不亲自尝尝，怎能品出世间百态的苦辣酸甜？黄庭坚正是阅尽人生，才能写出《糟姜帖》中的一番滋味。

《花气薰人帖》大话宋朝“花花世界”

春日明媚。和着细风缓缓飘来的，是一阵阵掩藏不住的芬芳。正是百花开放的季节，正所谓“二月春耕昌杏密，百花次第争先出”，真是热闹极了！

黄庭坚驻足书房内的窗台前，望着庭院一侧花圃的美好绚烂之景，他那被冬雪掩藏许久的平静之心渐渐泛起了涟漪。透亮的露珠在花瓣上流动，在日光的照射下透出了耀眼的光芒。百花似是刚刚洗漱完毕，一枝枝分外耀眼。庭院中轻轻扬起了微风。风不徐不疾，温柔地抚摸着百花。片刻之后，狡黠的风卷起浓浓的香气扑向黄庭坚的脸庞，含着多种花香……是温和的感觉！

浓淡相融的香气徜徉在黄庭坚的心头：闻到如此美好的香味，怕是寺中和尚也无法静心修行吧！春季还真是令人极想挥笔书写诗歌呢！只是这久久不去的芬芳，早已带走了宁静之心，还有什么心思来想诗文之事。

黄庭坚在窗台边静立许久，迎着日光闭目养神。忽而思绪万千，走至一旁提笔写道：“花气薰人欲破禅，心情其实过中年。春来诗思何所似，八节滩头上水船。”一卷只有28字的小诗行于纸上。心有所思，字便有所意。形态各异的字迹像极了花丛中姿态万千的百花，时而苍劲有力、时而灵动飞舞。变幻不一的笔法既锋利又婉转，墨仿佛不再只是黑色的，笔画粗时浓郁丰盈，笔画细时缥缈枯柔。

细细看去，昔日的黄庭坚运笔极其在意中锋，但此时他竟将其与草书中的圆滑柔美两相结合。中锋之笔讲究丰满弹性，用此笔法所写的线条浑圆厚实，极有力量。百花是娇美千变的，如果在《花气薰人帖》中只用中锋运笔，会显得不够自然随性，百花灵气也无法体现在笔墨之中。因此黄

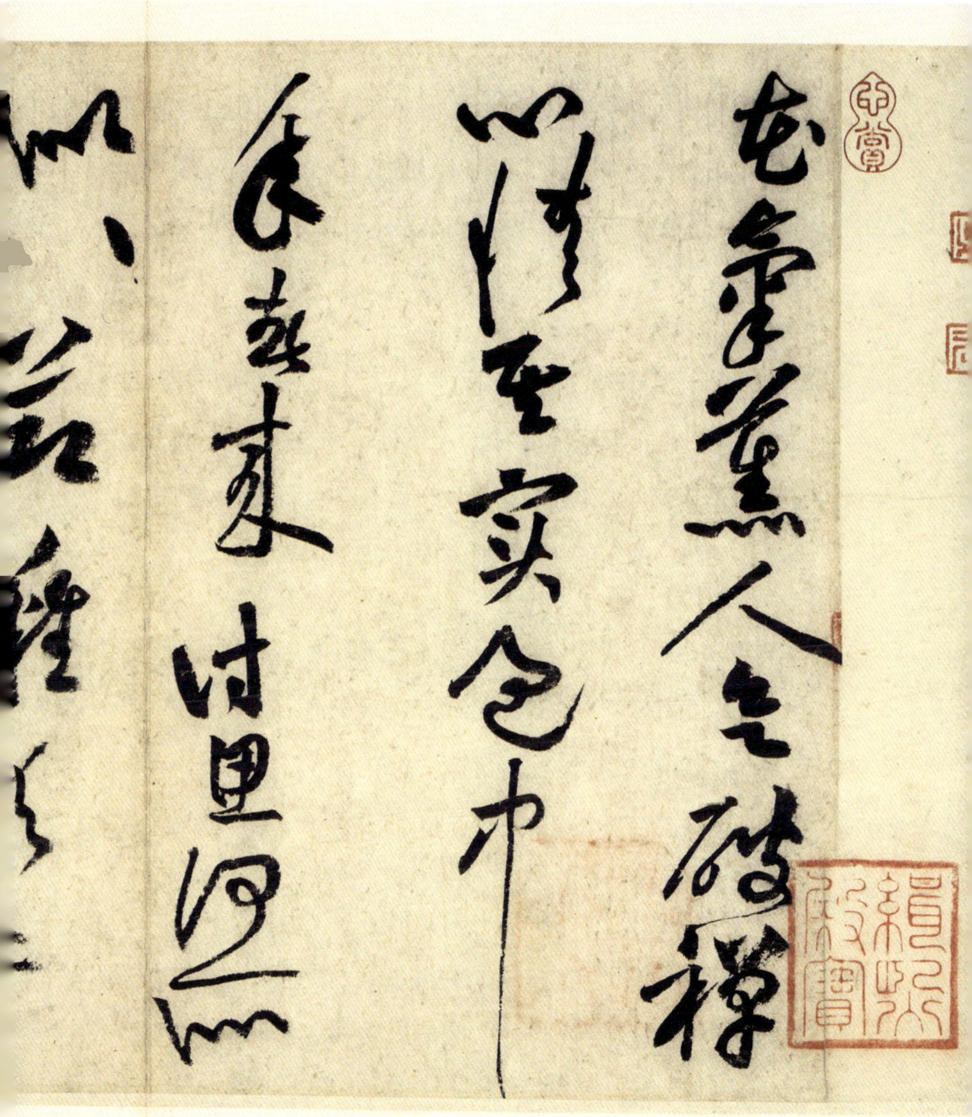

庭坚才将自由飘逸的草书与其结合，书写出这卷宝贵的墨迹。

黄庭坚未曾想到，在这中年之时、百花之季，自己还能作出感触如此之深的诗文、写下如此满意的佳作。他鼻翼微微扇动，放下笔墨朝庭院中的花圃走去，想要好好欣赏一番这难得的春季美景。

《花气薰人帖》虽是一首只有 28 字的小诗，但黄庭坚用独特的草书笔法，将自己对生活、岁月、季节、生命的感悟，自然表露于纸上。“宋人尚意”的追求不言而喻。这卷帖子纵 30.7 厘米，横 43.2 厘米，现藏于台北故宫博物院。

自古至今爱花之人比比皆是。两宋时期，宋人对风雅生活的追求更是离不开花。种花、画花、赏花、插花等风雅之事已然不能满足宋人之心。在万千“花花世界”的趣味之中，簪花成了宋朝街头巷尾的时尚新风潮。

簪花不仅限于女子，其对宋朝男子来说，也是一种时髦的礼节。早在唐代，男子簪花就已初露端倪，但彼时的簪花大多流行于帝王权贵之间。到了宋朝，由于开放的社会风气，簪花很快风靡全国。

宋朝的文人儒士将皇帝赐花视为无上的荣耀。特别是到了科考揭榜之际，皇帝会按惯例在琼林苑中主持“闻喜宴”，以庆贺进士及第之人。宴会之中，皇帝会赐花给中举者，这可是极为光荣之事。据史料可知，宋人登科有五荣：一荣为两觐天颜；二荣为胪传天陛；三荣为御宴赐花，都人叹美；四荣为布衣而入，绿袍而出；五荣为亲老有喜，足慰倚门之望。

由此可见，宋朝文士簪花，簪的其实是报效家国、光耀门楣之幸事。

虽是百花争艳各芬芳，但在宋人心中，花也被分为不同的品级。迎霜而开的梅花被宋人视为国花。梅花傲骨嶙峋，像极了宋朝仕子们。对于寒窗苦读的学子来说，风雪之梅更是希望的象征。

除了梅花，高贵的牡丹也是宋人的心头好。荣华富贵向来勾人心魂，而牡丹作为华贵富丽的象征，更是引得宋人纷纷抛金撒银以博得此花。

对于爱吃的宋人来说，花自然也是他们心中的美食。宋人在烹煮食物时，常常将菊花、桂花、百合等加入其中。据《神农本草经》记载，菊花味苦、性平，利血气，轻身。桂花性温、味辛，有暖胃散寒、理气和中、醒脾开胃之效……宋人用百花做出的食物不仅十分美观、口味独特，更具有养生功效。

在《山家清供》一书中，就记录了许多宋人用花制作的美食，如：蜜渍梅花、百合面、紫英菊羹等。

“腰间斜插名人扇，鬓畔常簪四季花”说的正是《水浒传》中的浪子燕青；“头上花枝照酒卮，酒卮中有好花枝”是安乐先生邵雍的慨叹。宋人爱花之切，上至帝王，下至平民。花已经成为两宋时期众人热衷的风雅之事。赏一朵牡丹，沏一壶菊花茶，含一口桂花糕，真乃人间美事！

米芾
北宋书法四大家之一

《苕溪诗卷》风雅杭州城

六月苕溪路，人言似若耶。渔罾挂棕树，酒舫出荷花。
碧水千塍共，青山一道斜。人间无限事，不厌是桑麻。

——元·戴表元

六月的苕溪到处都是晾晒在棕树上的渔网，荷花池中有酒船缓缓驶出，数不清的田野被绿水青山团团环绕。如此恬淡安逸的生活正是元代诗人戴表元内心所渴望的。而在距此大约 200 年前，北宋书法家米芾也曾怀着与戴表元类似的心情，前往苕溪游玩。

古代文人骨子里都是浪漫的，米芾也是如此。他为了一睹松竹的碧影之姿，竟可以在无锡一带住上半年之久。夏日的竹林最为凉爽，挑一处顽石权作桌案，轻风从林中拂过，山

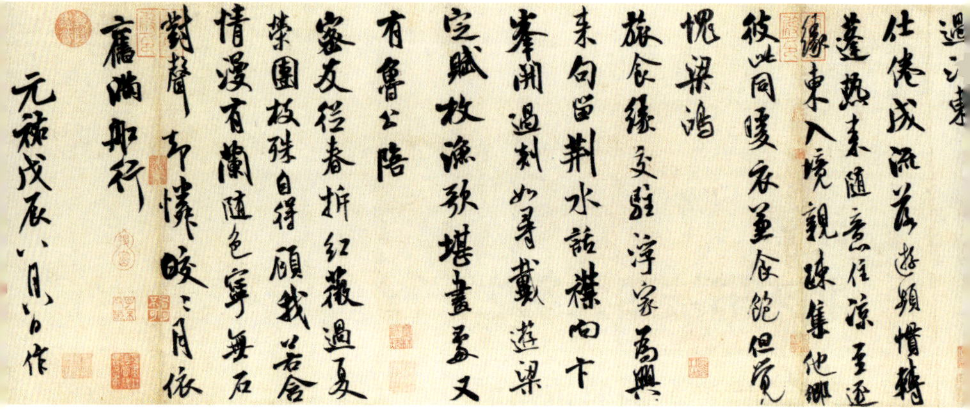

峦在远处的雾色中千姿百态。端起一杯西湖新茶，细细品味着此处的宁静怡人之景，这种日子，想想都是美的。

米芾可不想错过这种闲情逸趣的生活。故而在秋季之时，前往苕溪，去登一登那座隽秀奇崛的溪山，感受秋高气爽的畅快。光是亲身感受还是不够，因此，才有了这卷行书挥就的纵 30.3 厘米，横 189.5 厘米的《苕溪诗卷》。卷中之诗共有六首，皆是米芾从无锡前往苕溪途中的所见所感。

《苕溪诗卷》创作于北宋哲宗元祐三年（1088），此时的米芾已经步入中年。卷中字迹遒劲，米芾运笔沉着又不失畅快，像无拘无束的草原野马，潇洒自如之时还懂得进退之道。卷中字字清新自然，一笔一画间并无太多花哨的笔力修饰。这卷天然之字，彰显出米芾游玩之时自在豪爽的状态。《苕

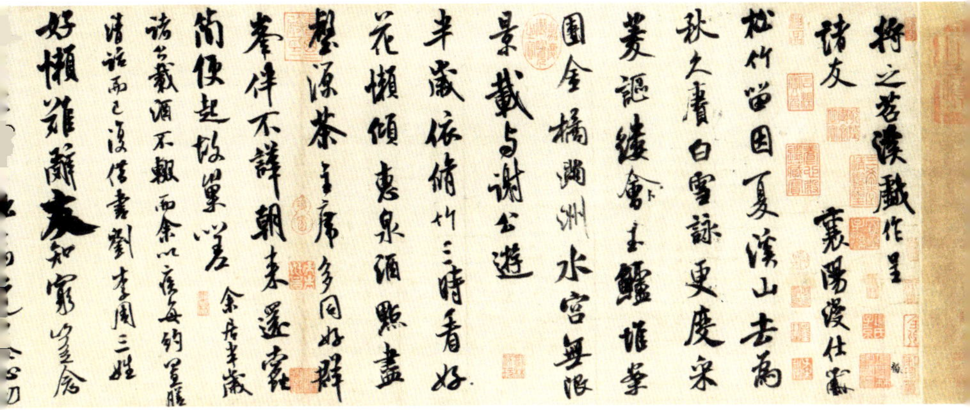

溪诗卷》也凭着自身特有的简朴丰盈，成为书法大家米芾传世书法中的代表作。

苕溪是古代的一个地名，它本身也是一条河流的名称。源于浙江省北部的天目山，流经湖州市后注入太湖之中。苕溪分为东苕溪和西苕溪，东苕溪就在杭州市内。

北宋建国初期，朝廷设立两浙路路治，统辖十四州，而杭州就在其列。湿润的空气，温和的气候，数不尽的青山绿水，使杭州在北宋初期成为最适合百姓生活居住的城市之一。

然而，这座风景迷人的城市曾因西湖治理不当一度遭受水患灾祸。北宋哲宗元祐四年（1089），苏轼赴杭州任职，他深刻地意识到当务之急就是治理好西湖水。于是苏轼开始四处奔波、了解西湖水况。最终，他从民生、农业、交通、财政等方面入手，依次解决西湖的问题。为了防止湖水被泛滥的湖草淤塞，苏轼还招募城内百姓，在西湖中种植一种特殊的水生植物——菱。

1127 年，靖康之变，北宋灭亡。宋高宗赵构建立南宋，定都杭州，并改杭州为临安。随着政治、经济、文化重心的南迁，临安也成为当时世界上最大的城市之一。为了使这座城市更具都城的规模，南宋朝廷在杭州城原有的基础上大肆修建。重建后的杭州分为宫城和外城，偌大的宫城位于城南凤凰山一带：东起凤山门，西至凤凰山，南起笤帚湾，北达万松岭。

据资料记载，南宋宫城内有大殿三十，堂三十三，阁二十，斋四，楼七，台六，亭九十。相较于历史上金碧辉煌的其他宫殿建筑，南宋宫城囿于地理环境的限制，规模并不算大。城内处处皆是诸如园林、亭台、小西湖等典雅别致、别有风味的建筑，体现出了宋人在生活中对风雅的追求。

外城也称为“罗城”。向北可到武林门，东南处就是著名的钱塘江，西边是可与“西子”比美的西湖，城内还有一座翠色欲滴的吴山。各行各业都在临安城内发展得有声有色：鱼行、姜行、菜行、布行……三百六十行，行行都有；药市、花市、米市、珠子市……一应俱全。当时南宋都城临安的繁华在历史上也是空前仅有的。

然而，在经历了 150 多年的繁华之后，南宋最终在元军的马蹄下覆灭殆尽。南宋度宗咸淳七年（1271），忽必烈定国号为元，几年后南宋小朝廷向元朝投降。杭州城依然没变，山是碧绿的，水是清澈的，街市是热闹的，人群是密集的，可记忆深处的宋人风雅却消失得无影无踪。

这卷藏于北京故宫博物院中的《苕溪诗卷》可以让我们深深感受到米芾畅快自在的心情。若他知道这片给他带来惊艳与兴奋的大好山河将于 190 年后被元朝军队的铁蹄践踏，不知他是否还能写出如此朴实自然、大气沉着的珍贵墨迹？

《蜀素帖》生绢书丹 高手过招

若隐若现的薄雾轻柔地笼罩在光滑的碧波上，敏捷的水鸟不时从水面一掠而过，激起层层波纹。暖暖的日光直直地洒在辽阔的湖面上，一切都好似镀上了淡淡的金黄色，像极了西王母圣洁如玉的瑶池水。波光粼粼的水面被轻舟缓缓推开，一道道细细的水纹缓缓荡向四周，片刻之后又与湖水融合在了一起。

远山甚是静穆。它不骄不躁，安静地矗立在湖水的另一侧。葱郁的植被爬满了它的身体，有的登上山顶软绵绵地晒着太阳，有的立在半坡迎着风儿飞舞。瞧！还有的竟来到了

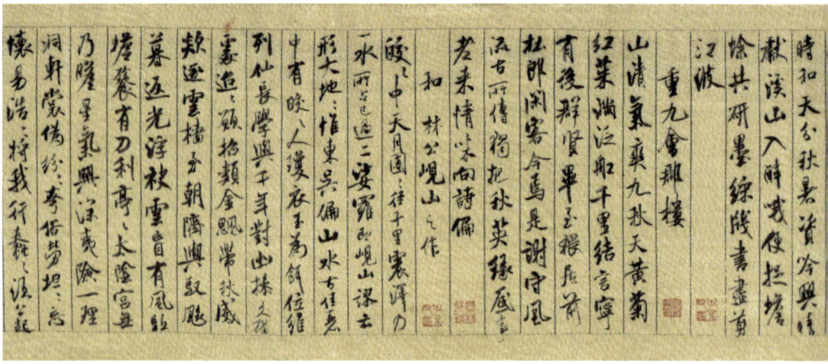

湖水边，对着明亮的湖水独自欣赏。树爱极了这不冷不热的九月天，十分坦荡。它伸展着修长的臂膀，挺直了高大的身躯，挥舞着一片片绿油油的手掌，肆意地享受着九月的日光。

此处的山是柔和的。它一脉连着一脉，不像泰山那样雄伟，也不似嵩山那样奇绝，别有一番旖旎秀雅之韵。莫不是天宫神女幻化而来，专门沐浴在湖水之中？又因心中感到娇羞，才升起这抹薄薄水雾替自己遮挡？水倒十分乖巧，它被山轻轻劈开，挥起了两条青蓝色的水袖，缓缓伸向了不同的方向。

轻舟顺着太湖边的苕溪摇摇晃晃渐行渐远。米芾看起来十分愉悦，浅浅的皱纹里满是淡淡的笑意。他端正地坐在小舟中央，频频回首望向四周。黑色的眼眸中仿佛掉进了点点星光，甚是明亮。好友林希在湖州任职，不久前特邀他来此处游玩。这不，林希为尽地主之谊，陪他畅玩了好几日。

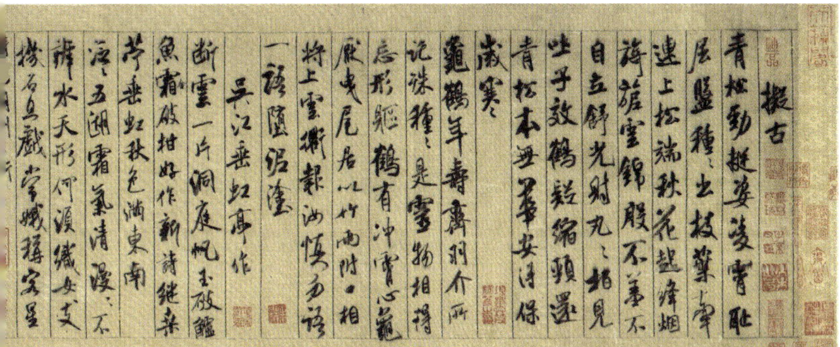

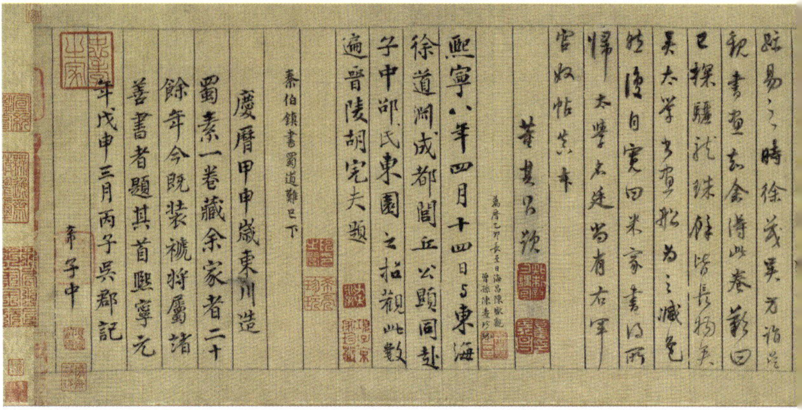

船走得缓慢，没有辜负这片青山绿水。一路上，米芾不舍得多眨一下眼，生怕忽视了某处的美景。

不知过了多久，船渐渐停了。米芾收回思绪，看向岸边。质朴素雅的马车早就等候多时。米芾和林希上了马车，一路"嘎吱、嘎吱"，相比晃荡的轻舟，马车倒显得稳稳当当。幽静的小道上霎时变得热闹起来，处处回响着米芾与林希的谈笑之声。

一炷香的时间过去了，马车停在了林希府邸的大门口。米芾看了一眼大门，开口道："子中（林希），这几日打扰颇多，如今我也该踏上返程了。"

"急什么，你想在这里住多久就住多久。知晓你爱游山玩

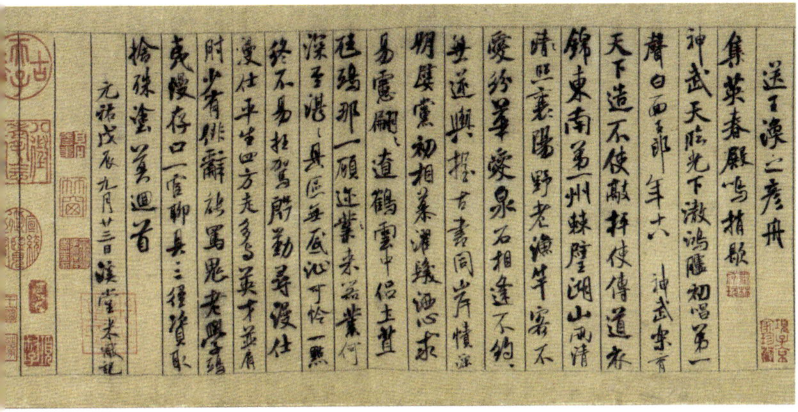

水，我这不刚好随了你的心意嘛！”林希显得有些惊讶。

“来日方长。山水虽好，但也不敢忘记入仕之责啊！”

“对了，元章（米芾），我这里有一卷上好的蜀素，我见你这几日诗兴大发，不如将游玩之时作的那几首诗书于其上？”林希见他去意已决，也不好强行挽留。

“如此也好，那就即刻开始吧！”米芾兴奋极了，拉着林希的衣袖走向院中。

许久，米芾终于用行书写完了这卷《蜀素帖》。帖中共有诗文八首，皆由米芾所作。桌案边的林希惊讶地望着这卷法书，不住点头赞叹：“哎呀呀，你看这字的笔画，无论是直、弯、方、圆、粗、细、干、湿……真是姿态万千、变化多端。真可谓‘八面出锋’！字迹枯瘦中带着丰润，张扬处又有含蓄。运笔顿挫分明、浓淡相间、实意相融。元章，你让我夸你什么好呢？我只有佩服至极了……”林希边说边向米芾鞠了一躬。米芾见状，赶紧扶住林希的胳膊大笑起来。

笑声穿过屋顶，飘向半空……

《蜀素帖》，现收藏于台北故宫博物院。米芾行书，字体变化多端，行思跳跃，运笔灵动沉着。故《蜀素帖》不仅被后人称为“天下第八行书”，更被当作“中华十大传世名帖”之一。

蜀素是一种质地柔软细腻的高级丝织品，产自四川一带，制作方式十分讲究。北宋年间，有一位名叫邵子中的人把一段蜀素裱成了空白的精致书卷，希望有朝一日，可以让书法大家在此卷上挥毫泼墨。然而丝织品与宣纸不同，因其质地不同于纸张，墨水在上面极易晕染。只有笔法深厚的书法大家，才能在蜀素上写出一卷好字。因此，邵子中一直未能如愿。

直到北宋哲宗元祐三年（1088），米芾应湖州郡守林希之邀，前往太湖附近的苕溪游玩。邵子中家中的蜀素，此时已经辗转到了林希手上，且被他珍藏了二十年之久。林希借此机会，请书法大家米芾在这卷蜀素上留下墨宝，米芾于是一口气写了自己创作的八首诗文，这才成就了这卷珍贵的《蜀素帖》。

古人为了方便记录，便在石块、墙壁、竹片与木板等材料上面书写画画。后来随着纺织业的发展，织物开始被应用于书写。战国后期，聪明的古人将一些特殊材料加入不吸墨水的生绢之中，制成适合用于书写的绢。生绢用作书写材料自此盛行。

宋朝，受“重文轻武”政策的影响，文艺之风达到空前的繁荣。一些帝王也为此注入了不少心血，有宋一朝，书、画作品像野草一般疯狂生长。其中，朝廷创办的宫廷画院内，用绢作画极为盛行。画院作画甚是讲究：笔法须工整丰满，色彩须富丽典雅。这就对绢有了非常严格的要求。宋朝画院所用的生绢细腻干净，光滑平整。上好的绢细密程度与好纸相差不大。北宋著名画家王希孟就在上好的绢上绘出青绿山水画的代表作《千里江山图》。

绢的制作工序繁杂且缜密。拿宋朝画院中使用的生绢来说：首先将 50 根左右的单丝平拉之后合成一根比较粗的线，再将 40 根左右的粗线再次平拉，合成一股更粗的线，最后将两股丝线相互交叉、一一穿过，制成密实的排布后编织成书画时所用的绢。

米芾对绢画了解颇深，曾在《画史》中有言："古画至唐初皆生绢，至吴生、周昉、韩干，后来皆以熟汤半熟入粉，捶如银板，故作人物，精彩入笔……"

生绢留墨，不是易事。这卷被林希珍藏多年的蜀素，也只有像米芾这种对生绢了解颇多的书法大家才能写得。

《紫金研帖》米芾的传世之宝

天空甚是明朗，风吹来院中的一抹抹炎热，但米芾的心间却荡漾着一丝清凉。今日乃是与好友苏轼再见之日。不记得二人已经有多少年未见，依稀中，还是记忆中的那间亭阁、那张桌案，苏轼与自己在饮酒作诗、挥墨疾书，脸上还是那般潇洒肆意的神色……

从儋州到真州（今江苏仪征），如此遥远的路途，对64岁的苏轼来说非常不易。不知他的身体能否吃得消？念及于此，米芾的脸上露出一缕担忧。他立于院中央，直直地望着大门外的那棵苍老巨大的松树，青黑色的眼眸中爬满了焦灼。

“阿郎……阿郎……”小书童急急忙忙地从门外跑了进来。

“可是来了？”米芾边问边向门口走去。

“来了……马车……就在门口。”小书童气喘吁吁。米芾

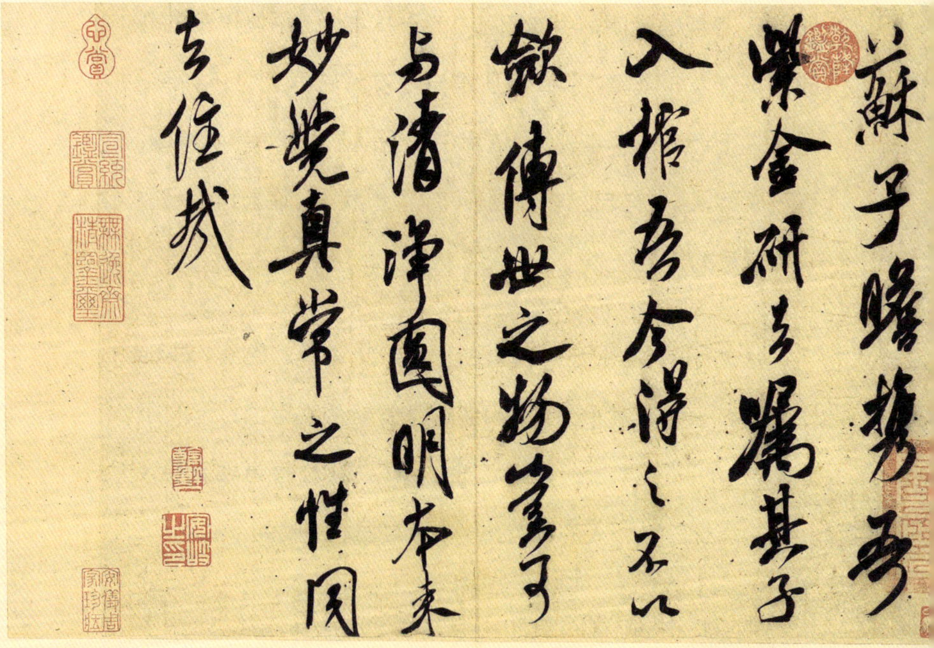
蘇子瞻携吾
紫金研去囑其子
入棺吾今得之不以
斂傳世之物豈可
與清淨圓明本來
妙覺真常之性同
去住哉

不再作答，他走至门口时急忙整理了一下衣裳，朝着马车迎了上去。半晌之后，车帘才被缓缓掀开。米芾眼中的期待之色霎时间变成了惊讶：这位半躺在车中、年迈的老翁还是彼时的好友吗？

“咳咳，元章（米芾），多年未见，你还是这般神清气朗。”苏轼许是看出了米芾的思虑，主动开口打破了尴尬。

“子瞻（苏轼），你终于来了！来了就好，此地凉爽，避暑再合适不过了。”米芾的语气中充满了关心。他轻轻握住苏轼的手，慢慢地将他从窄小的马车上引进宽敞的宅院中。

六月的天气热得厉害，瘦弱的苏轼似乎并不满足于真州的“清凉”，急急地脱去了外衫。他干巴巴的身躯像极了干枯的花朵。米芾盯着他看了许久，眼眶不免有些湿润。苏轼故作镇定，眼神在偌大的书房中不断游离。每每看到一幅字画，他都会主动谈起昔日与米芾的种种趣事。

米芾似是突然想起了什么，匆匆从桌案边的一堆纸卷中抽出一卷自己最爱的字帖：东晋大政治家谢安亲笔书写的《八月五日帖》。米芾将其拿到苏轼面前道：“子瞻，可否为此帖题跋？”

苏轼望着这卷字帖，眼睛里充满了光。可他思索了一会儿便委婉拒绝道：“哦？我记得，这可是你的最爱……若是往日，我必答应下来。可如今疾病缠身，只怕因手颤误了这幅好字啊！”

“字本就有灵性，何来误之说？子瞻，你就圆了我这个心愿吧！”米芾请求道。他深知随着时间的流逝，只怕将来更难得到好友的墨迹。

“咳咳……好吧。”苏轼看着米芾渴望的眼神，想及二人这二十多年的情谊，便应了下来。

屋外日光曝晒着大地，万物显得有些苍白无力。苏轼望着正在品赏《八月五日帖》的米芾，淡淡说道：“紫金砚可真是好砚。被贬多年，我已许久未见如此好砚了……元章，可否借我观赏一些时日？咳咳……咳咳……”米芾闻声望了一眼桌案上的紫金砚。这可是他最珍贵的砚台，今后还要传给后世子孙呢！可是，看着眼前苏轼苍老又伤感的面庞，米芾觉得无法拒绝，于是说道：“你喜欢，拿去用便是。不过子瞻，你是否受了寒，咳疾似乎又重了。我这里有上好的药材，稍后拿给你服用。”

“不碍事，年纪大罢了。”苏轼爽朗一笑，继续端详起了紫金砚。过了几日，他带着这方紫金砚踏上了归途。

没过多久米芾收到了好友苏轼在常州病逝的信札，悲痛不已。可信中提及紫金砚将与好友一起入墓，米芾有些慌乱：紫金砚珍贵无比，是他想要传家之物，一旦同好友入墓，再无重见天日的可能。

思虑许久，米芾暗暗下定决心要将紫金砚讨回。他对倚在门外的小书童说：“我修书一封，你一定要用最快的速度送去苏家。”小书童轻轻颔首，整装待发。只见米芾提笔用行书写道：“苏子瞻携吾紫金研去……”

片刻工夫，米芾就已经写好了这封《紫金研帖》。被再三叮嘱的小书童，很快消失在书房外的走廊上。米芾叹了一口气，重重靠在椅背上，缓缓闭起了双眼，眼角一颗泪滴悄悄落下，许是带着愧疚的滋味。

米芾书写的《紫金研帖》纵 28.2 厘米，横 39.7 厘米，现收藏于台北故宫博物院。北宋徽宗建中靖国元年（1101），苏轼遇赦之后从海南一路向北游历，期间专门来到真州探望好友米芾。两人多年未见，十分兴奋。相聚之后，苏轼借走了米芾的传家宝紫金砚。不料一个多月后，苏轼病逝常州，家人准备将紫金砚作为陪葬。米芾闻后即刻写下这封《紫金研帖》，希望可以追回自己的传家宝。

《紫金研帖》用行书挥就，虽是米芾的情急之作，但其“万豪齐力”的书写方式为世人所敬仰。米芾为了加重字的笔锋力度，在运笔时特意将手指、手腕、手臂三处的力量合为一体，同时发力。字重，实则情更重。不同于米芾其他书法作品的风格特征，米芾在挥写此帖时，因苏轼的去世心情无比沉重，可他又不得不讨回自己的传家宝。怀着这种既悲伤又愧疚的心情书写，帖中字才会变幻不一、时快时慢、时轻时重。

那么，米芾为何如此重视紫金砚？

淮南市的八公山古称“紫金山”。相传，山中藏有许多独特的石种，名为“紫金石”。汉唐时期，古人在山中觅得紫金石后，将其制成了紫金砚台。紫金石上的六种色彩，再加上繁杂的制作工艺，让紫金砚成为历朝历代砚台中的极品。

砚台，古代文人墨客常用的文房用具。两宋时期，因着人们对文艺的追捧，砚台也不再是文房中默默无闻的文具，逐渐被写进了史书、传记之中。品砚，是文人生活中的一桩趣事。

宋朝，随着理学思想萌发，制砚的重点也逐渐转向点、线、面的平衡与简洁之美。宋人造砚，大多以线为其形、造其物。物有方有圆，似方不是方，似圆不是圆。这种抽象的制作要求恰好反映出宋人在文艺方面的严谨态度。当时有很多简单却不俗的砚台问世。

两宋时期最流行的砚台是抄手砚，它实用耐看、简洁大气，是宋砚中的经典款。聪慧的宋人在制作砚台时还将写意融入其中。琴式砚是“写意砚”的典型代表。它的外观与琴极为相似，只是琴体上的部件被一一省去，只留下线条优美修长的琴身。宋人挥毫，仿佛变得如抚琴一般动静结合、悲喜交加。有如此高贵优雅的砚台为伴，想不书写一手好字都难。

在圆形砚台中，马蹄砚极得宋人喜爱。此种砚台外形内敛朴素，砚台内部的形状恰似一只马蹄印，丰满又活泼。唐朝诗人孟郊在科举中第后曾作《登科后》一诗，诗中有言：“春风得意马蹄疾，一日看尽长安花。”宋人便将马蹄视为科举成功的美好象征，而马蹄砚也成为两宋时期寒窗苦读学子们的砚台首选。

米芾爱砚，路人皆知。他曾专门写了一本《砚史》，书中将特殊石材制成的砚台视为最佳，紫金砚或许也因此成了米芾心中的“天下第一砚”。想来以苏轼豪爽开朗的性情，定能理解米芾写下《紫金研帖》时的纠结与歉意。

《研山铭》疯狂的石头

银白色的月光洒在错落有致的院落之中，浓郁的树木显得温柔极了。假山蜿蜒嶙峋，矗立在院侧的池水里。清澈的水流流淌在逶迤奇绝的假山石间，池中水草没有半点困意，依然在青绿色的碧波中跳舞。几条金鱼欢快地甩动着尾巴，一会儿游到了东边，一会儿游到了西边，甚是活泼。

典雅古朴的檐廊一节连着一节，伸向不远处的房门边。厚重的门板许是年岁大了，推开时发出“咯吱、咯吱”的低吟声。米芾身着宽松的乳白色寝衣，正坐在桌案边赏玩一块奇石。此石是米芾无意间寻得，几日前才拿到手中。这可不是普通的石头，它叫作“灵璧石”，只有安徽的零壁县（今灵璧）才能寻到此石。

阵阵凉风透过门缝吹入，案上的烛火在风中不断闪烁。米芾赶紧用手将烛火围住，室内才渐渐恢复光明。米芾捧起灵璧石，细细观赏。只见此石表面光滑细腻，恰似蜡泪般温润。石身上布满了交缠纠结的褶皱，有粗有细、有深有浅、如

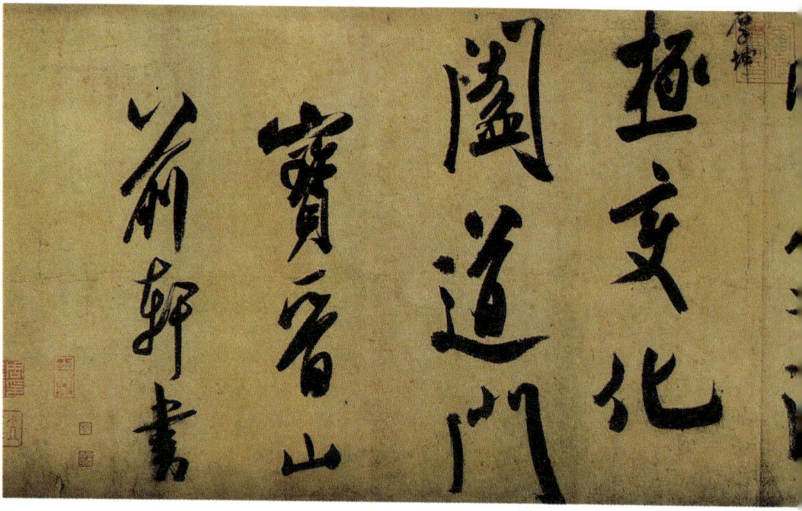

阡陌纵横。细细看去，石上仿佛布满丝弦，可以弹奏出天籁之音。米芾对着灵璧石轻轻哈了一口热气，用衣袖仔仔细细擦拭许久。再看之时，又觉石身上的纹路像极了胡桃细纹，也似凝重的龟甲纹，真是变化多端。

“叮”的一声，原来是米芾拿起了桌案边的细长玉锤，轻轻敲了一下灵璧石。空灵的声响犹如天宫神女的轻歌，让人惊艳。他再次拿起小锤冲着灵璧石的底部轻轻一敲，只听“当”的一声，低沉厚重，似有雄狮吼声传来。米芾惊讶极了！他用双手不断抚摸着灵璧石，像是一位老父亲轻轻爱抚怀中乳儿。

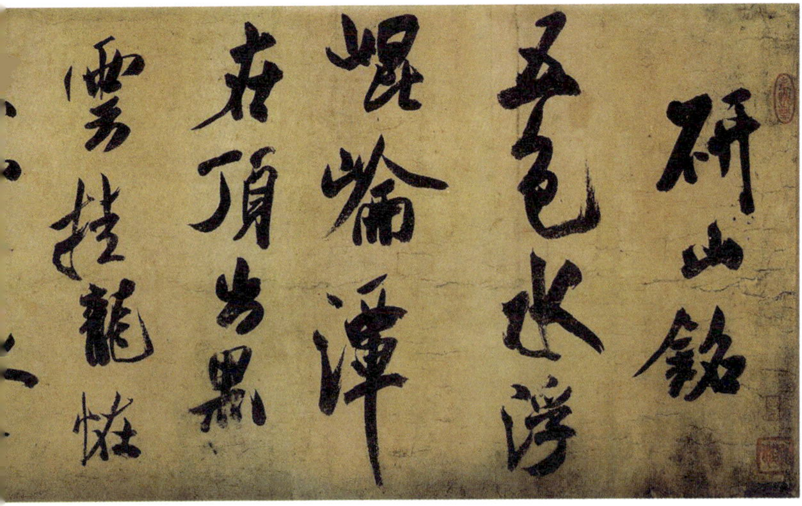

“阿郎，夜风极大，染了风寒就不好了。还是早些休息吧！”一个身着粗布衣裳的仆从立在门口，米芾看了他一眼，并未言语。半晌，男子正欲再次开口，米芾倏地站起身来。他抱起桌案上的灵璧石，朝床榻边走去。男子急急开口道：“阿郎，您已与灵石同睡三晚，今夜可不要再抱它入睡了。灵石寒凉坚硬，再这么睡下去您必染风寒啊！”

“多嘴，我与灵石惺惺相惜，只是睡个几晚而已。”米芾有些不耐烦。他坐在床榻边，花白的胡须抖动着，怒目圆睁。

“阿郎，灵石既如此难得，小人心中有一主意，不知当讲不当讲？”男子灵机一动，试着缓解紧张的氛围。

“哦？说来听听，我倒要看看你有何好主意。”米芾好奇地问道。

“灵石珍贵，阿郎就算日日拥它入睡，它也不过是一奇石罢了。不如把它当作研墨用的墨池，这样它既能日日陪伴阿郎，也有其用武之地。”男子的话好像讲到了米芾的心坎上，只见米芾微微点头，想了一会儿，道：“此次就听你的吧！”仆从咧嘴一笑，眉间掩饰不住的得意。

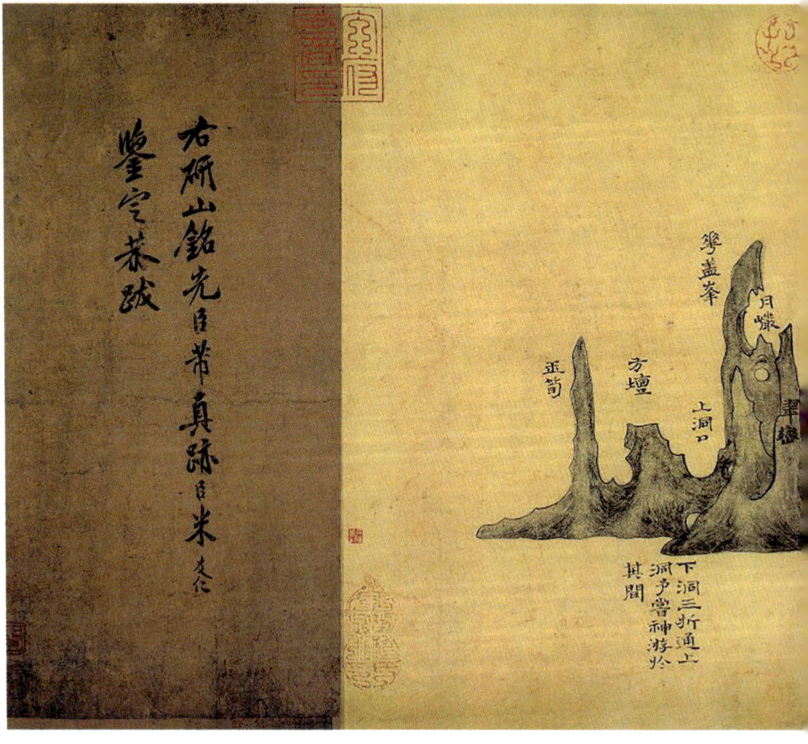

突然，米芾转至桌案一侧，执笔蘸墨，在敞开的澄心堂纸上书写起来：“研山铭五色水浮昆仑潭在顶出黑云挂龙怪烁电痕下震霆泽厚坤极变化阖道门宝晋山前轩书。”

不到一盏茶的工夫，整整 39 个行书大字一气呵成，气势磅礴，如幻如影，似电光石火在刹那间交错，也似霹雳惊雷在瞬时间爆发。字在抑扬顿挫中露出难得的飘逸潇洒之姿，沉着冷静的运笔展现出不骄不躁的心境。字形跌宕起伏，个个

神彩飞扬。

写毕，米芾看了一眼桌案一旁摆放着的灵璧石，似乎不太满足。思索许久，又提笔将灵璧石画在纸上。

仆从看着如痴如醉的米芾，无奈地摇了摇头，说：“阿郎，今晚想必又是一个不眠之夜啊！”

《研山铭》包括三部分：其一是米芾在澄心堂纸上写的39个行书大字；其二是米芾亲笔绘制的灵璧石图；其三是米芾之子米友仁的行书题字。三段手卷共同组成了这幅大气雄浑的行书珍品。《研山铭》今藏于北京故宫博物院。

米芾是宋朝有名的“石痴”。宋朝著名词人叶梦得在《石林燕语》一书中记载：米芾初入州廨，见奇石便“呼为兄弟”，见之三拜九叩。也正是因为有此癫狂之举，米芾才被宋人称为“米颠”。

上古时期，中国文化就与石头有了千丝万缕的关系。从神话传说“女娲补天”中的五彩石，到名著《西游记》中的“猴王出世”，石头不只是坚硬冰凉的物体，而被人们赋予了不同的生命含义。随之而来的便是文人雅士对石头的追捧。有人供石，有人画石，有人藏石，还有人赏石。独具特色的

“石文化”在我国的历史长河中代代传承。

两宋时期，文风鼎盛，除了琴棋书画、诗词歌赋之外，赏石一度成了文士间流行的风潮。此风潮不仅要求欣赏者有高深的文化素养，还要了解石头的性能、被赋予的特殊意蕴，以及能从石头中获得的不同感悟。

秉着“园无石不秀，斋无石不雅”的观念，苏轼在被贬黄州期间，用街边小吃向江边小儿换取了 298 枚石子，并将它们一一收藏在家里，还赠予好友。苏轼还格外喜欢画石。他所绘制的《枯木怪石图》与《潇湘竹石图》是北宋著名的赏石画作。

相比于苏轼，宋徽宗赵佶是赏石大军中的另类。宋徽宗由于帝王身份的便利，把石头玩到了极致。深信道教的他认为奇石中暗藏着神力，若有奇石环绕身侧，时间久了必能修成神仙。为了满足这一想法，宋徽宗专门成立名为“花石纲”的运输船队，前往东南一带，搜集奇花异石。

船队十分庞大。十船为一纲，首尾相接，似有千里之远。花石纲让两浙、两淮一带的百姓苦不堪言。船队中人常常肆意闯入百姓家中搜寻奇石。一旦发现珍奇的宝物，便会立刻用黄纸封上，令百姓看守。如不慎损丢，看守者常常被判砍头重罪。倘若遇到体积庞大的奇石，不管地点是否偏远，人力能否搬动，朝廷都会发动大量民众不计成本前去搬运。

北宋徽宗宣和四年（1122），北宋汴京（今河南开封）城中耗时五年之久的“艮岳”园林终于竣工。艮岳园林称得上是当时所有园林中的“王者”。园内处处皆是奇花异草、飞禽走兽，楼阁殿宇更是豪华至极。值得一提的是，艮岳园林中所有制成叠石、假山之石块，皆是花石纲船队从百姓家中搜寻而来，世人常叹其“括天下之美，藏古今之胜”。

园林再美，石块再奇，都经受不住战火的摧残。北宋钦宗靖康二年（1127），金国兵马在攻下汴京之后，很快将这座名噪一时的艮岳园林拆毁殆尽。北宋赏石的风潮也因此消逝在了茫茫的岁月中。

如今再次品读这卷《研山铭》，也只能在一声叹息中，追忆繁华历史背后的星星点点。

《虹县诗帖》古博士非今博士

一叶轻舟在虹县（今安徽泗县）一带的运河中急驶。水波翻涌不停，扬起一朵朵洁白的浪花。浪花盛开刹那之后便滴落在碧绿的水面上，荡起一圈圈的波纹。天空似刚被洗过般明朗，日光格外灿烂，连温柔的云彩都不舍得打扰它。阳光洒向漫长的河流之中，闪闪波光顷刻间在水面上铺展开来。

微风轻抚过岸边一棵棵高大浓绿的树木，带上一丝丝清香，袭向了矗立在半空中的洁白船帆。“呼……呼……”风吹船帆舒展，仿佛唱起了歌谣，舞起了臂膀。顷刻间，轻舟似已过万重山。远山静静地伫立，一峦接着一峦。薄薄的烟雾在山林中弥漫，似是为远山披上了青色的轻纱。

米芾站在一侧船沿，微微昂首，望着眼前迷人的景致，不觉微笑。风似乎想吹平他脸上的皱纹，奈何只能吹起米芾花白的头发。米芾白色的外袍在风中翻飞，船家见状，频频提醒这位客人：风大不稳，小心晃荡。米芾再次走进了船舱之中，翻弄起随行携带的成箱书画。

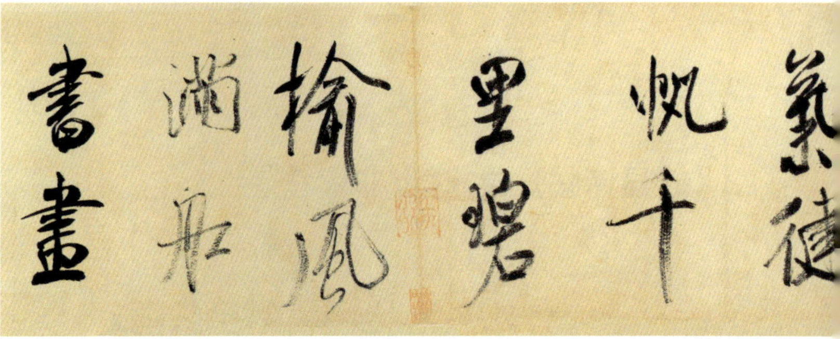

书画箱里，《云起楼图》《云山烟树图》是米芾用自己独创的“米氏云山”笔法所绘；《蜀素帖》是米芾最满意的一卷诗帖；《离骚》乃米芾最敬重的战国诗人屈原所作……展开一幅幅珍爱的墨迹，米芾心中泛起层层涟漪，感触颇深。心痒难耐之际，他挽袖挥笔，一口气在纸上写下了《旧题》一首：“快霁一天清淑气，健帆千里碧榆风。满船书画同明月，十日隋花窈窕中。”

时间过得极快。皎月不知不觉悄悄爬上了夜幕，点点星光绚烂无比。岸边葱茏的各色植物背后，偶有几家灯火在风中闪烁。似乎快要到汴京（今河南开封）了，他仿佛已经听到了京城中的繁华与热闹。米芾不曾想到在自己年老之时，还能受官家（宋徽宗）赏识，担任“书画学博士”一职，这是对他一生痴爱文艺的最好褒奖。想及昔日自己因行为不羁受人排挤，在官场起起落落的情景，米芾不由心潮澎湃，胸

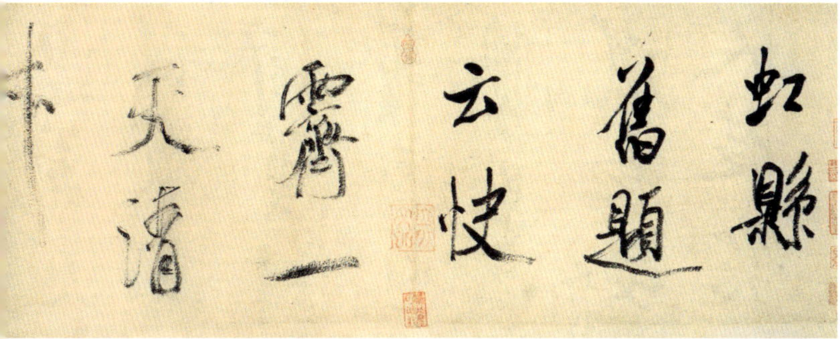

中似有千言万语涌动。月光落在米芾肩上，他望着眼前美好的夜色，不由提笔于《旧题》之后加《再题》一首：“碧榆绿柳旧游中，华发苍颜未退翁。天使残年司笔研，圣知小学是家风。长安又到人徒老，吾道何时定复东。题柱扁舟真老矣，竟无事业奏肤公。”

夜色更加凝重，寒露悄然间爬上了船舱。外面响起了船家粗犷的声音：“大人，明日一早就到了，今夜早些歇息吧！”米芾慢慢收起了书画，仔细装进木箱中之后，便朝着床榻边缓缓走去……

今天，米芾亲笔所写的《旧题》与《再题》组成的这幅手卷被称为《虹县诗帖》，藏于日本东京国立博物馆。全卷纵 31.2 厘米，横 487 厘米，有大字行书 37 行。帖中所题之诗记录了米芾晚年前往汴京任职书画学博士时途中的所见所感。

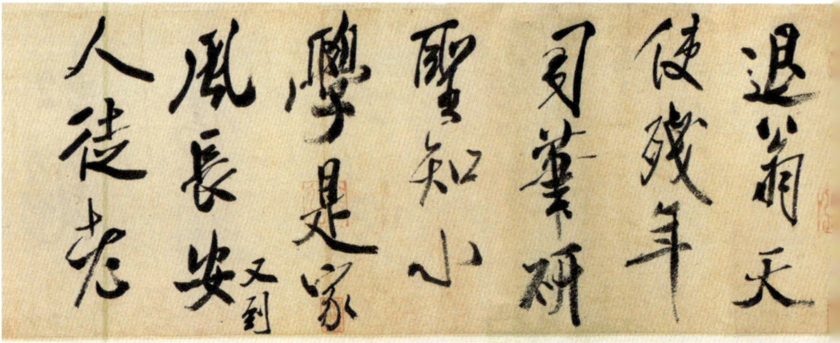

在米芾的笔下，文字时如飞瀑奔流而下，时如苍松坚挺青翠。《旧题》之字甚是奔放自然，字与字之间都洋溢着作者激昂的心情。其线条在断断续续中又用飞白笔法接起，好功力与好心情一目了然。而《再题》之字风格迥然，米芾在挥写此诗时，较之前者，情绪明显有了起伏。既有担忧之情，又有期待之意，字迹变幻无穷。两首诗文风格迥异的特征，展露出米芾真性情、真流露的率真性格。

博士，在古代是一种官名。早在秦汉时期，朝廷便将掌管史书典籍、博古通今的官员称为“博士”。能得此称号的人必定是上知天文、下知地理的能者。秦始皇统一天下之后，在朝廷中任“博士”一职者有 70 余人。汉代，汉武帝刘彻在朝中设立五经博士，专门用来传授儒家经学。到了唐代，朝廷除了设国子学、太学、四门学博士外，还增添了律学博士、书写博

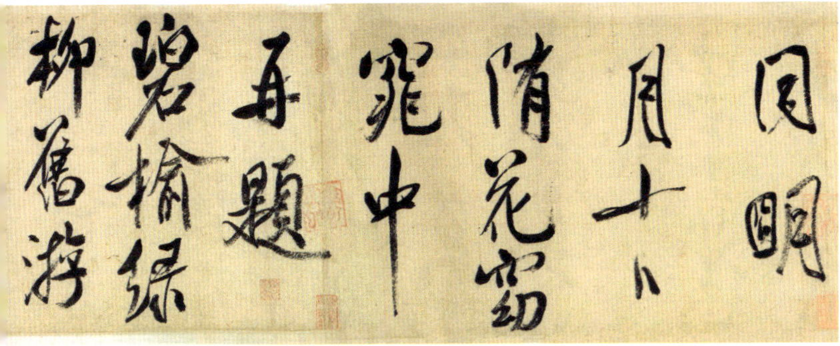

士、算学博士等。不同领域的人才在唐朝都有了施展身手的大好机会。

两宋时期，“博士”一词有了更广泛的含义。它不再局限于某一官职，而是宋人对专门行业中人士的尊称。孟元老在《东京梦华录》中有言：“凡店内卖下酒厨子，谓之茶饭量酒博士。”因此，宋人中常见“茶博士”“酒博士”之类的称号。

宋徽宗对书画的喜爱程度极高，他在朝中专门设立了“书画学博士”一职，在书法与绘画上颇有建树的米芾自然成了宋徽宗心目中的不二人选。宋徽宗后又成立了宣和画院，吸引了近三千名画家前来应召。经过层层选拔，最终有百余人被录用。绘作《朝元仙仗图》的“白描大师”武宗元，绘有巨作《清明上河图》的张择端，被人唤为“疯子”的书画

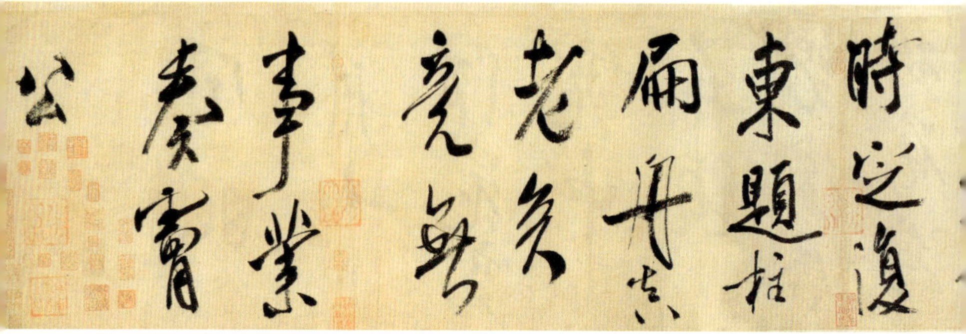

家梁楷等，皆受到宋徽宗的赏识，先后成为宫廷画院中的画家。在任职朝廷期间，他们大多以宫廷生活和皇亲贵胄的肖像等为绘作对象。

比起米芾，宣和画院中的画家画工一点也不逊色。但如果拿书法来对比，身为“宋四家”之一的米芾，可谓是一众大师中的王者。如此看来，两宋时期的那么多“博士”，都很难比得上米芾的“书画学博士”一职。

宋徽宗
独一无二的瘦金体

《瘦金体千字文》《千字文》的前世今生

303 年，“书圣”王羲之诞生。他出生于官宦家庭，从小耳濡目染，文学素养极为深厚，更是练就了一手好字。王羲之的字，无论是隶书、草书、楷书还是行书，皆博采众家之长，又自成一派新风。其字迹平和自然，运笔纯熟内敛，笔画苍劲秀美，是书法界的一颗明星。

梁武帝萧衍虽身居高位，却也极爱书法。他将王羲之的书法作品视如珍宝。这位超级粉丝为了能够日日临习偶像的字迹，便命人搜集王羲之书法作品中经典的一千字。奈何这 1000 字都是散字，字与字之间无半点联系。萧衍希望在临摹之时能贯通畅快，便将这一千字交给了朝中一位文采卓绝的大臣连字成文。

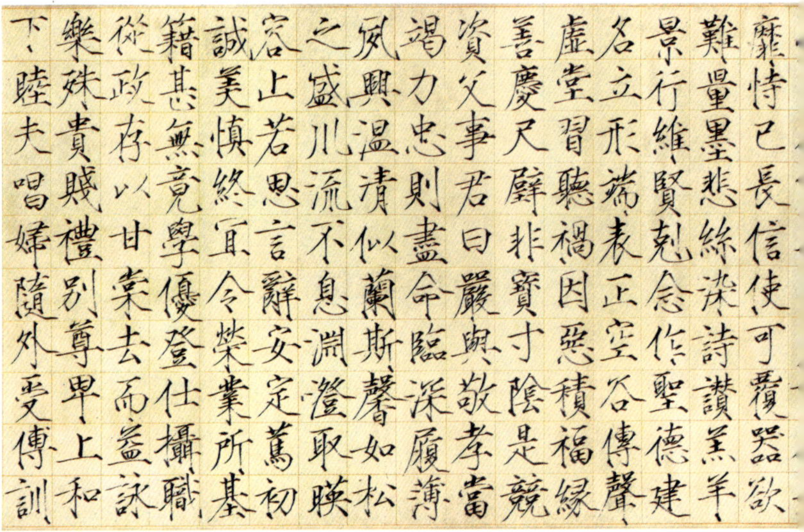

这位大臣名叫周兴嗣。他将这一千字与儒学经典、诗文节律相结合，整理出这篇流传甚广的《千字文》。《千字文》四字为一句，四句为一组，共 250 句。其内容不仅囊括了经学、史学、政治，还涉及哲学、佛学等诸多内容。朝代更迭，《千字文》不仅一直保留着其最初的临摹习字的功能，还逐步衍生出了教育教学的功能。

唐代，上至帝王，下至平民，一大批文人儒士以《千字文》为题材，书写了一幅又一幅名作。如著名书法家欧阳询亲笔书写的《行书千字文》，文字学家李阳冰书写的《篆书千字文》……《千字文》以不同的形式出现在诸多大师的笔下，

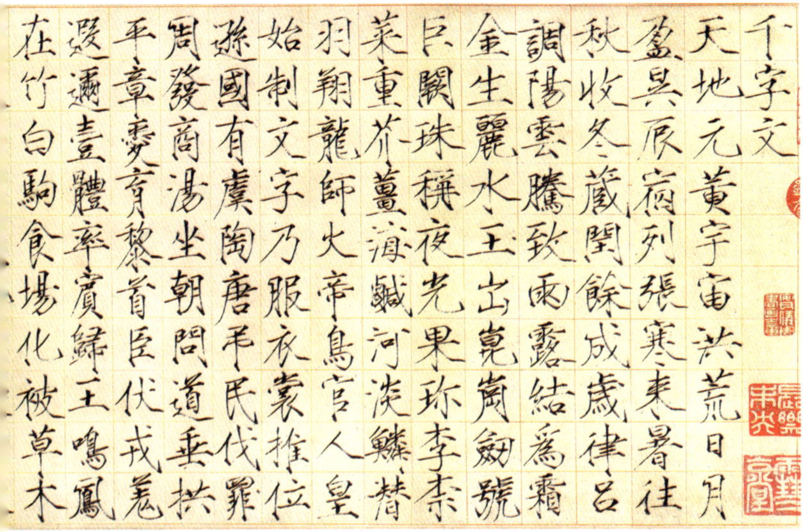

流传于后世。

到了两宋时期，人们对《千字文》的喜爱程度倍增。北宋大中祥符五年（1012），宋真宗因为对《千字文》极其喜爱，特意命张君房编校了一部按照《千字文》汉字排列顺序整合的、囊括道教经典的书籍。此书最初名为《道藏》，共有4565卷。开篇以首句“天玄地黄”中的“天”字开头，最终结于“宫”字，因此这本著作也被题上了“大宋天宫宝藏”的名字。

元符三年（1100），北宋第八位皇帝宋徽宗赵佶即位。

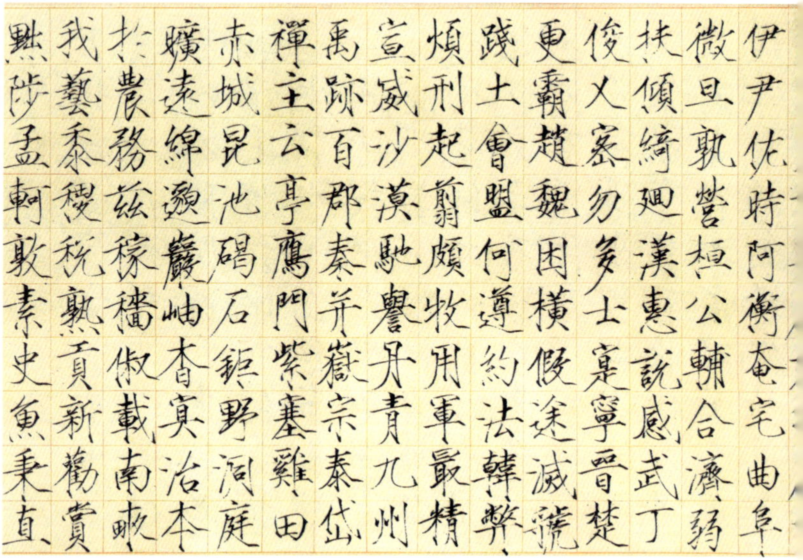

在权臣蔡京的推波助澜下，他生活日益骄奢，以“丰亨豫大”为追求，而百姓生活水深火热，苦不堪言。北宋朝局自此埋下了动荡不安的种子，昔日繁华的大宋王朝摇摇欲坠。

北宋钦宗靖康二年（1127），金国兵马一路南下，很快便攻占了北宋都城汴京（今河南开封）。宋徽宗、宋钦宗以及王公大臣后宫妃嫔皆被金军掳走，北宋自此灭亡。

宋徽宗在位 26 年，诚然他不是一位好皇帝，但他在文艺上却有着异于常人的天分与领悟力。他擅长绘画、蹴鞠，喜奇花异石，更以“瘦金体”书法闻名于世。

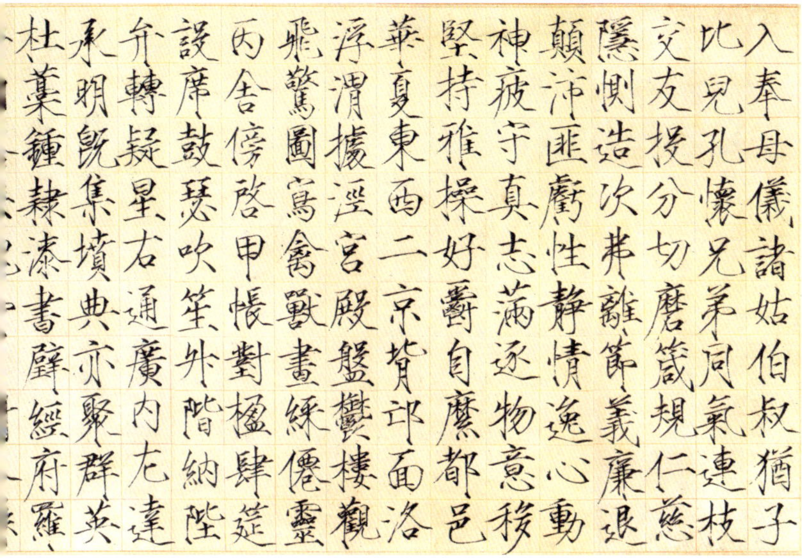

唐代才子薛曜极爱丹青。他所写之字枯瘦苍劲中带着炯炯有神的风采，运笔细腻纤细，结体疏朗，是唐朝书法界的一股清流，后人更是将他视为“瘦金体之祖”。极爱书法的宋徽宗对薛曜之字有着浓厚的兴趣。他将早时临习的黄庭坚的书法风格与薛曜的书法风格进行糅合，独创出了新奇的“瘦金书”字体。

所谓“美人在骨不在皮”，这句话用来描绘宋徽宗之字再合适不过。不同于草书的龙飞凤舞之姿态、行书的潇洒奔放之气韵、楷书的端庄大气之风格，宋徽宗笔下的瘦金体，骨相优雅柔美，笔画瘦劲有力。字字皆似女子舞袖，摇曳生姿之

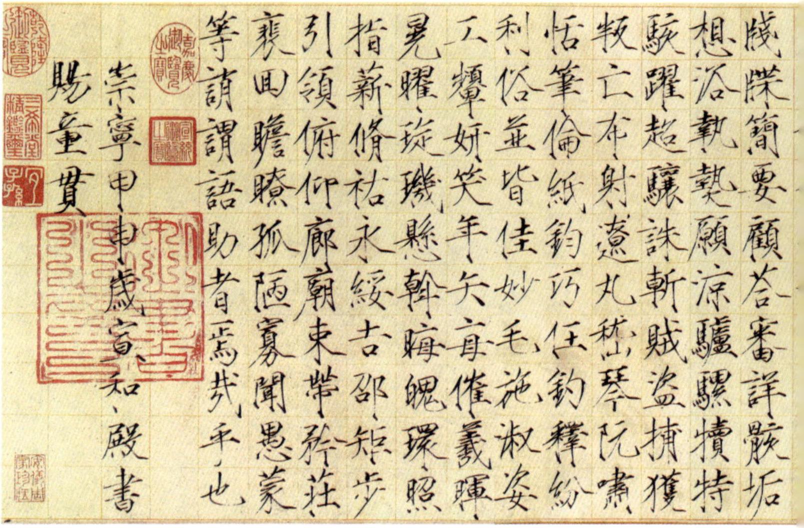

中尽是纯熟的运笔手法；又似老者习剑，看似瘦骨嶙峋，实则剑意高远。

由于帝王的推崇，瘦金体很快便成为北宋末期最重要的字形之一。北宋崇宁元年（1102），朝廷开始铸造印有宋徽宗用瘦金体亲书“崇宁通宝”的钱币，《宋史》对此币的铸造步骤记载得非常详细。因钱币上的“崇宁通宝”四字乃宋徽宗亲书而来，此币又被称为“御书钱”。

书法上颇有造诣的宋徽宗对《千字文》也厚爱有加。他不光写有《草书千字文》，还写有《瘦金体千字文》。

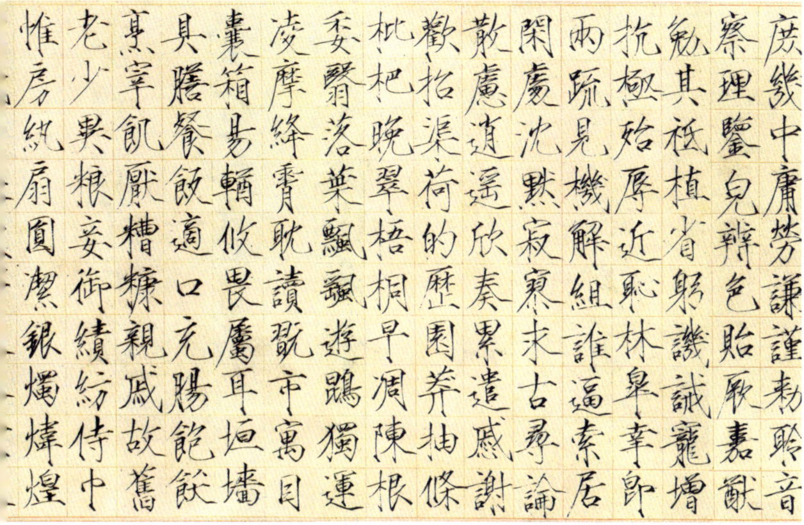
庶幾中庸勞謙謹敕聆音
察理鑒皃辨色貽厥嘉猷
勉其祗植省躬譏誡寵增
抗極殆辱近恥林皋幸即
兩疏見機解組誰逼索居
閑處沉默寂寥求古尋論
散慮逍遙欣奏累遣慼謝
歡招渠荷的歷園莽抽條
枇杷晚翠梧桐早凋陳根
委翳落葉飄颻遊鵾獨運
凌摩絳霄耽讀翫市寓目
囊箱易輶攸畏屬耳垣墻
具膳餐飯適口充腸飽飫
烹宰飢厭糟糠親戚故舊
老少異糧妾御績紡侍巾
帷房紈扇圓潔銀燭煒煌

北宋崇宁三年（1104），二十三岁的宋徽宗，在朱丝界栏的素笺纸本上，写下了闻名后世的《瘦金体千字文》。文中每字约一寸长，一行有十字，共有百行。

这卷《瘦金体千字文》经过历朝历代战火的摧残仍存于世，如今是上海博物馆的镇馆之宝。

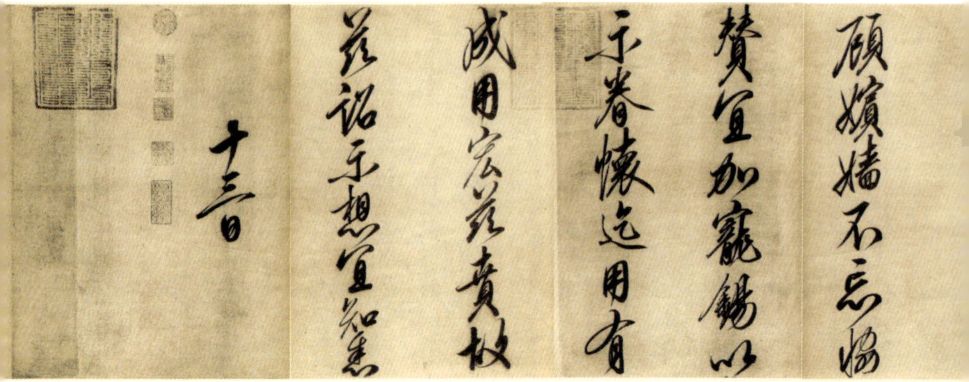

《恭事方丘敕》 宋朝的择后选妃制度

宋徽宗用行书书写的《恭事方丘敕》纵 39.9 厘米，横 265.7 厘米，现藏于辽宁省博物馆。不同于他最喜爱的瘦金体，宋徽宗的行书透露出一股器宇轩昂的气质，一笔一画间皆显示出其运笔时深厚流畅的笔功与奔放潇洒的帝王之气。

北宋政和四年（1114），宋徽宗赵佶在五月十二日当天，按祖宗规矩在方丘举办了盛大的“祭地”典礼，典礼需帝王进行宿斋仪式。是夜，后宫妃嫔按照祭祀的惯例前来问候宋徽宗的起居。方丘祭祀礼成之后，宋徽宗对一众妃嫔进行赏赐。翌日，宋徽宗在五幅不同颜色、绘有金花凤的罗绢上，亲笔书写了《恭事方丘敕》，分别赏赐给了各宫妃嫔。

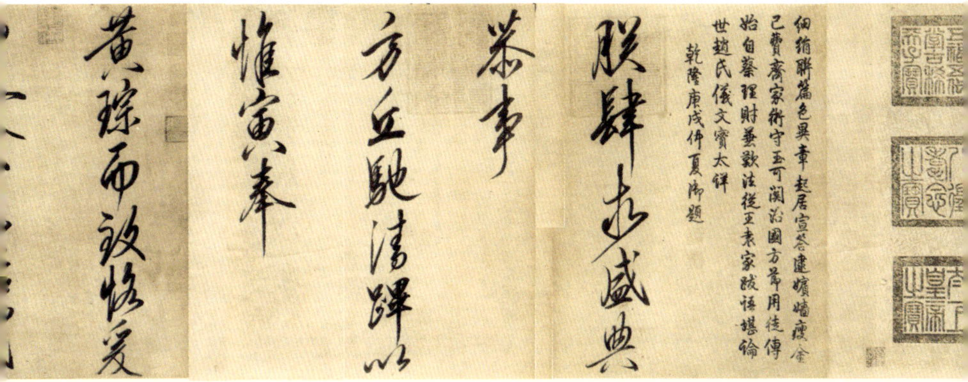

妃嫔，是古代帝王妾室与皇室其他男性成员妻妾的统称。古人在对待生育上一直持有“优生优育、多子多福”的观念，而皇室是这一观念最好的践行者。为了使子嗣可以得到更好地延续，历朝历代对立后选妃有着各种各样的标准。

秦汉时期，能歌善舞的女子往往能赢得帝王青睐。如汉武帝时期，皇后卫子夫最初是平阳公主家的歌女。独创“掌上舞”的赵飞燕是汉成帝的第二任皇后。

魏晋南北朝时期，在潇洒不羁的“魏晋风流”的影响下，出现了许多才色双全的女子。她们行为飘逸，言谈风雅，体现了当时大众的审美潮流趋势。不得不说的便是被称为“人间嫦娥”的张丽华，她是陈后主陈叔宝最为宠爱的贵妃。

唐朝时期，无论何种女子，都不及杨贵妃体态丰腴之美。杨贵妃，原名杨玉环，能歌善舞，被后人称为“中国四大美女”之一。她深得唐玄宗宠爱，唐玄宗甚至还亲自为杨贵妃编了一曲《霓裳羽衣曲》。

两宋时期，受“重文轻武”政策的影响，帝王更喜爱“温柔端庄”的女子。此时皇室选妃的制度已经变得十分成熟完善，除了延承前朝的选妃制度外，还增加了许多新的观念与要求。门第是选妃的第一要求，这一主张在北宋建国之时就已初现端倪，太祖与太宗的皇后与妃子中，就有不少出身官宦之家的。

北宋开宝元年（968），宋太祖赵匡胤将年满十七岁的宋氏立为皇后。宋皇后家族十分显赫，其父是左卫上将军、忠武军节度使宋偓（偓母为后唐的义宁公主），其母是后汉的永宁公主。在这种家世下成长的女子，极重视礼法，是执掌后位的最佳人选。

宋人对“门第”的追求，不仅限于皇室之中，官员百姓也非常看重。官宦人家谈婚论嫁，不论男女，定会查问对方家族是否为世家大族。更有甚者，还会亲自打听查问其家族族谱。

宋朝皇帝大多喜爱书法文艺。可帝王在择后时，除了看重“门第”外，似乎也偏向于选择武将世家的女子。因为“文帝”与“武后”的结合，不仅是门当户对的结果，更是一种稳固朝廷江山的政治联姻。就拿北宋的九位皇帝来说，被他们纳入后宫的十七位皇后中，武将家族出身的皇后就有十四位。

当然，帝王的后宫是十分庞大的。除了执掌后宫的皇后外，北宋延承了唐朝一年一次的选妃制度。选妃相比于择后稍显宽松，容貌出众者或才智过人者，都会得到帝王喜爱。随着后宫不断充盈，宋朝皇室也将后妃等级详细划分。后宫女子除正妻皇后外，其余皆为妾室。妾室主要又有七种：第一种分为贵、淑、德、贤四妃；第二种为仿照唐制设立的昭仪、昭容、昭媛等九嫔；第三种为婕妤；第四种为美人；第五种为才人；第六种为贵人；第七种为御侍。

宋徽宗是一位非常会享受生活的帝王。据史料记载，他先后共有皇后 5 位，贵妃 4 位，其余有封号者，更是超过了 100 位。此外还有许多被他宠幸之后，没有获得封号的女子，用“佳丽三千”来形容宋徽宗的后宫一点儿也不为过。庞大的后宫给宋徽宗带来了 35 位儿子和 42 位女儿。

然而，靖康之变爆发之后，宋徽宗庞大的后宫团无一幸免。妃嫔、子女大多被金军掳走，在异国敌营中备受折磨，其中还有不少惨死异乡。如今，也只有这卷幸免于难的《恭事方丘敕》，向我们诉说着北宋皇室女子生活的一角。

《蔡行敕卷》宋人做官 月月领巨款

宋朝是一个十分传奇的朝代，它分为北宋和南宋，共经历了 319 年的历史。从宋太祖赵匡胤开始，到宋少帝赵昺结束，在位帝王共有 18 位。提及宋朝，“软弱”似乎已经成了它的代名词。但宋朝为何能够在四面楚歌的环境下繁华百年呢？这离不开朝廷诸臣的辅助。

宋太祖赵匡胤之所以能建立大宋王朝，武有大将石守信相助，文有“半部论语治天下”的谋臣赵普相辅。

宋真宗赵恒在位期间，大臣李沆是“咸平之治”的主要领头人，大将曹玮更是以勇猛、出其不意而震撼敌军。北宋真宗大中祥符九年（1016）的九月，宋军在曹玮的带领下大败吐蕃部族，史称“三都谷之战”。

南宋宝庆二年（1226），宋理宗赵昀命人将宋朝历代功臣的画像置于昭勋阁中。除了赵普、曹玮，阁中还有韩琦、富弼、司马光、韩世忠、赵汝愚等二十四位名臣武将。

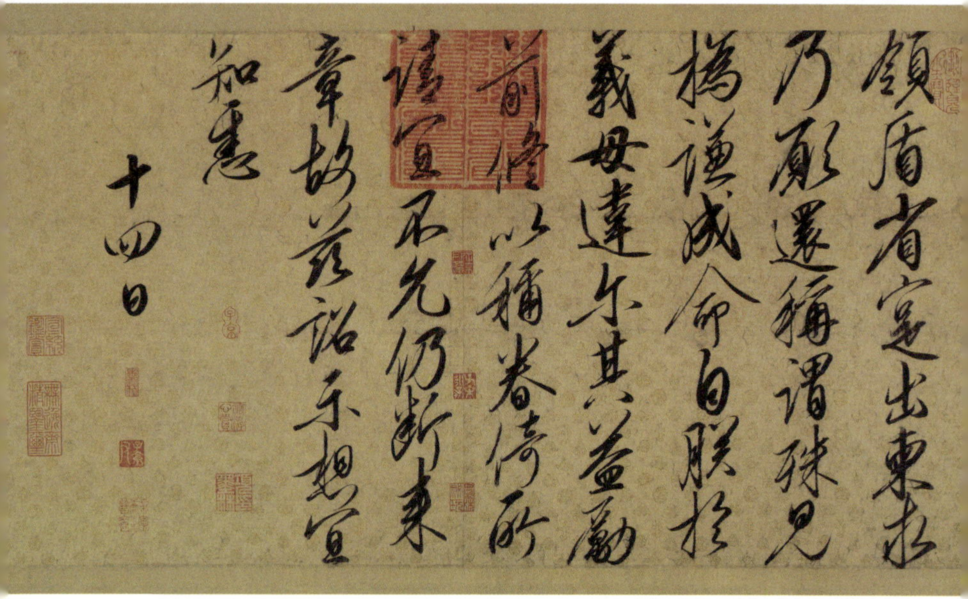

然而宋徽宗赵佶的宠臣，无一入昭勋阁，世人只知北宋有六贼，蔡京、童贯、王黼、梁师成、朱勔和李彦。说起蔡京，宋徽宗对他的宠爱程度可谓是“爱屋及乌”。除了任用蔡京为宰相一职外，其子孙、仆人等皆在朝中官居要职。蔡京的孙子蔡行，年纪轻轻便在朝中任殿中省事。

何为殿中省事？

早在魏晋时期，朝廷便设立“门下省”作为当时中央最高的政府机构，内设正三品侍中，掌管包括出纳帝命、赞相礼

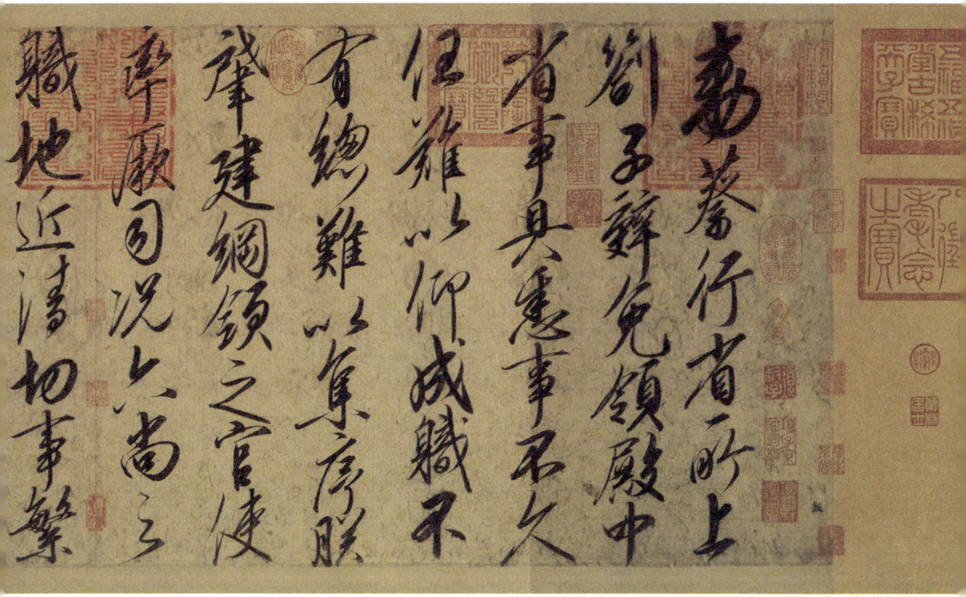

仪等内容的政务。隋朝时期，朝廷在门下省这一机构外设立了殿内省。618 年，唐高祖李渊又将殿内省改为殿中省，专管皇帝生活起居等事务。

两宋时期，朝廷基本上沿袭了前朝旧制。殿中省依然以负责帝王生活起居等事务为主，共分为六局：尚食局、尚药局、尚衣局、尚舍局、尚酝局和尚辇局。殿中省看似掌管着如此庞大的工作队伍，其实工作十分琐碎且没有实权，好在可以按时领取俸禄。相比于繁华开放的唐朝，军力强大的明朝，宋朝官员的俸禄待遇算是历朝历代中最好的。《宋史》一书

中对此有非常详细的记载。

官员俸禄一般可以分为三大类。第一类是正俸，相当于我们现代社会中的基本工资。除正俸以外，朝廷每年还会定时赏赐百官春衣冬袄、绫罗绸缎等物品。

第二类是添支，是专门为在职官员增添的钱财与米粮。但这种丰厚的待遇并不是官官皆有。北宋初期，只有像开封府、各地知州等掌握着具体政事的部门官员才会有此待遇。宋朝的添支除了丰厚的钱粮外，还有羊、牛等家畜动物。

第三类是职田。在北宋真宗咸平二年（999），隋唐时期的“职田制”，在一声诏令之下得以恢复，各州各县的任职官员可以按职级分得一定数量的土地。朝廷将职田收入的石数折算后，作为补贴发放给官员，主要分给任职在外的官员。

如此可见，朝廷真是考虑到了官员生活中的方方面面。甚至在上述三类之外，还有公使钱等其他形式的补贴提供给官员。然而，在如此丰厚的待遇之下，北宋末年，贪污腐败的事例依然层出不穷。

宋徽宗即位之后，蔡京很快一手遮天。官员过着超出百姓想象的优裕生活，而朝堂之中更是乌烟瘴气。信奉道教的宋徽宗不仅没有遏制朝廷官员的不良行径，反而大肆采办奇花异石、修建宫殿园林。在这种环境下，北宋长久以来积压的各种矛盾纷纷爆发。

北宋徽宗宣和元年（1119），以宋江为首的30多人在梁山泊起义，他们带领起义民众一路攻陷十多个州县。

北宋徽宗宣和二年（1120），青溪（今浙江淳安）人方腊率领民众起义。他们以讨伐奸臣为口号，只要见到朝廷官员就会将其杀掉。

北宋末年，四处涌起的农民起义不断打击着宋朝的文武百官。据史料记载，一直担任殿中省职务的蔡行，许是受到内忧外患局面的影响，曾在宣和年间向宋徽宗递交“辞职信”，愿辞去殿中省的职务。而宋徽宗用行书所写的《蔡行敕卷》正是对他的回复：“……所请宜不允，仍断来章，故兹诏示，想宜知悉。十四日。”在这卷描着金花笺的绢本上，宋徽宗婉拒了蔡行的“辞职请求”。

《蔡行敕卷》中的字虽然整齐有序，一笔一画素雅细致，但仍可看出宋徽宗挥写之时的急促。不同于他最擅长的瘦金体，行书之字苍瘦而刚劲、秀美而丰润。若宋徽宗没有极其深厚的书法功底，想来是无法在一气之间，就挥写出如此气韵十足、线条利落的墨迹。

奈何史书中对于蔡行本人的记载甚少，想要追究《蔡行敕卷》背后隐藏的秘密，恐怕十分困难。如今也只能在辽宁省博物馆中，品赏一番这卷宋徽宗亲笔书就，纵 35.5 厘米、横 214.6 厘米的行书珍品。

《闰中秋月诗帖》 美妙的中秋节

北宋徽宗大观四年（1110）。

夜色渐渐沉了下去。各路宫殿的灯火被纷纷点燃，天幕慢慢变成了湛蓝色。今夜，鹅黄色的圆月格外丰盈，它轻轻柔柔地挂在高空之中，似是镀上了一圈又一圈淡淡的光芒。月亮的光芒甚是慷慨，洒向大地，树便披上了缥缈的烟纱，花草露出了娇羞的脸颊，连宫殿都显得格外圣洁。

点点星星一颗颗闪现，很快爬满了无边无际的天幕。清凉的秋风缓缓卷起，带走了几片枯黄的枝叶。远处的桂花荡出了浓烈的香气，随着秋风飘散在灯火通明的园林中。宋徽宗坐在御花园一侧的亭台里，他温润纤长的手指不断抚摸着冰凉的酒盏，不时举起喝上一口。雪白的披风微微倾斜，内侍官赶紧小步上前。

婉转的乐曲在花园一角细细流淌，舞女婀娜的身姿在月光中轻轻摇曳。柔软的水袖不停挥向四周，娇美的容颜甚是耀眼。如此美妙的舞曲，却似乎并没有引起宋徽宗的注意。他淡淡扫了一眼花园中的精彩，拿起石桌上摆放着的精致的月饼，轻轻咬了一口。是甜蜜的感觉，糖水顺着糕点渗进了牙缝之中，又匆匆向舌头上流去，最后化在了嘴里。宋徽宗轻轻扬起了嘴角，眯起了眼睛。内侍官极其心细，不动声色间早已掌握了宋徽宗的一举一动。他立在宋徽宗的身边，微微颔首、轻轻开口："官家，此时正是桂花盛开之季，官家刚刚吃的糕点中，特意掺进了刚做的桂花蜜。"

"哦！难怪如此香甜。此糕点不错，日后可多做一些，赏给各宫妃嫔。"宋徽宗并未回头，直直地望着夜幕中的圆月，眼神中满是舒畅之意。片刻之后，他又淡淡说道："未曾想闰月之月，也如此美妙。它挂在那儿，纹丝不动间就已经让百花失色，万物黯淡了。朕还何来心思听这些靡靡之音？让他们都散了吧！"

宋徽宗刚一说完，内侍官便急急打发走了教坊中人。霎时间，四周便静了下来。细风沙沙中，草丛深处传来了虫儿的低鸣，高枝上不时有暗藏的鸟雀声应和着。

"妙，实在是妙，也只有这天然之乐才配得上中秋之月。"宋徽宗有些兴奋，眼睛中溢满了光芒。

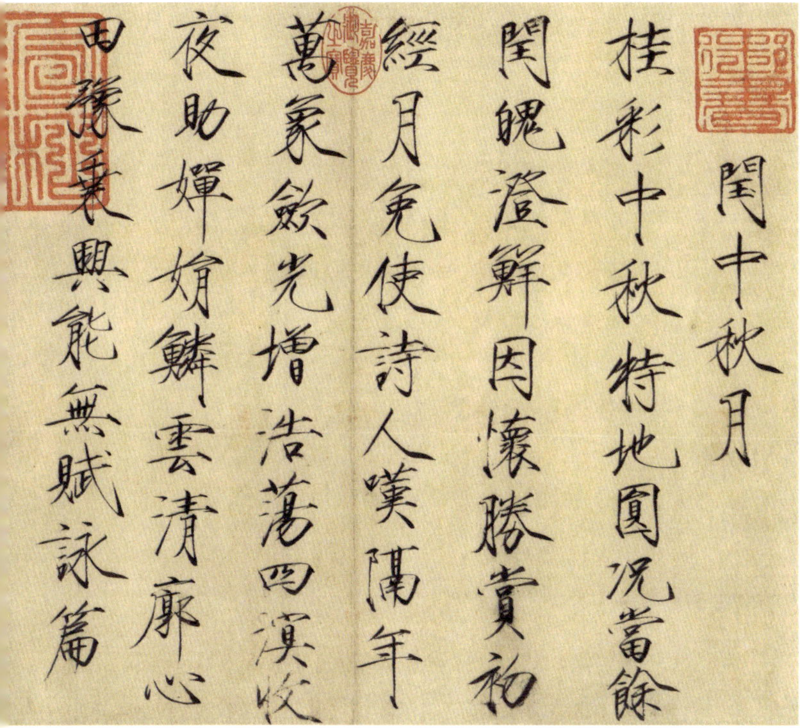

“官家说得极是。”内侍官微笑着迎合。

“去，命人取笔墨来。朕可不想错过今夜的美景，定要作诗一首。”宋徽宗兴奋极了！盘中糕点已尽在腹中，盏中酒水也已下去大半。

“小人遵命。”内侍官急急而去。只是一盏茶的时间，便又急急而来。他命人将宋徽宗常用的文房四宝摆于石桌之上，悄悄退在一侧。宋徽宗立起，望着空中圆月思索片刻之后，缓缓行笔于纸上：

桂彩中秋特地圆，况当余闰魄澄鲜。
因怀胜赏初经月，免使诗人叹隔年。
万象敛光增浩荡，四溟收夜助婵娟。
鳞云清廓心田豫，乘兴能无赋咏篇。

夜风轻轻吹起了宋徽宗刚刚写完的《闰中秋月诗帖》，内侍官见状急忙上前轻轻按住，道："官家，露重风大，还是早些歇息吧！"许是酒水的缘故，宋徽宗的脸颊红通通的，像是被人涂上了一层脂粉。他又望了一眼依然闪耀的月亮，随即抽身而起，道："还愣着干什么？走了。"微醺却又爽朗的声音很快消散在风中，只留下一个轻轻摇晃的身影……

《闰中秋月诗帖》，是宋徽宗在北宋大观四年闰月中秋之际写下的一卷七言律诗。诗文共 7 行，60 字。全卷纵 35 厘米，横 44.5 厘米，现藏于北京故宫博物院。宋徽宗挥笔，写出的瘦金体收横之时必带钩，收竖之时必带点。他所写之撇细长尖锐，捺头轻脚重。这种手法写出来的字，形体舒展瘦挺，气韵高贵典雅。

两宋时期，人们对中秋节格外重视。宋太宗赵光义即位之后，特意将端午节、中秋节和春节并列为宋朝的三大节日。中秋节当天，家家户户都会在夜幕降临之时，于家中焚香祭拜月神。这种风俗习惯的产生，最早其实是源于上古时期先人们对神秘天象的崇拜，随后才有了“嫦娥奔月”的神话传说，月亮也因此被赋上了“团圆”的寓意。宋人祭月祈求“圆圆满满”“功成名就”或“心想事成”。

靠江临湖的宋人除了赏月之外，还会前往滩边观看浪潮。纵观宋朝州郡，杭州算是最适合过中秋节的地方。城中西边是娇美的西湖，东边则是浩浩荡荡的钱塘江。世人皆知，天下属钱塘江潮最为壮观，而中秋佳节之际正是观潮的好时机。相比于赏月、吃月饼来说，宋朝杭州百姓们更喜欢聚集在钱塘江岸边，等待观赏潮水的汹涌澎湃。想想也是一番刺激。

喝酒登高、游街斗曲等有趣之事，也都可以在中秋节这天体会到。文武百官想要在中秋节这天与家人度过一个团圆之夜。南宋宁宗似乎特别能体会百官的这种心情，特意下诏，令百官在中秋节时可休假一天。

孟元老在《东京梦华录》中言：“闾里儿童，连宵嬉戏。夜市骈阗，至于通晓。”仔细读来，仿佛也能体会出宋时中秋佳节的热闹场面，宋徽宗挥写《闰中秋月诗帖》时的愉悦心情。

中秋节，还真是一个美妙的节日。

岳飞
壮志未酬的名将

《出师表》 鞠躬尽瘁 死而后已

秋雨绵绵，打湿了林间道路。雨势渐大，岳飞命部将加快行军速度。前方不远处，一座古朴破旧的祠堂中燃着微弱的烛火，烛火在这瓢泼大雨中显得格外温暖。岳飞扭头问手下部将："到何处了？"

"将军，还未出南阳。"

"看雨势一时半会儿是不会停了，今日天色已晚，就在此歇息吧！"

"属下遵命！"

待岳飞等人走近，才发现这是一座武侯祠，祠内蛛网遍结，四处散落着枯木柴火。看样子，已经许久未曾有人打扫

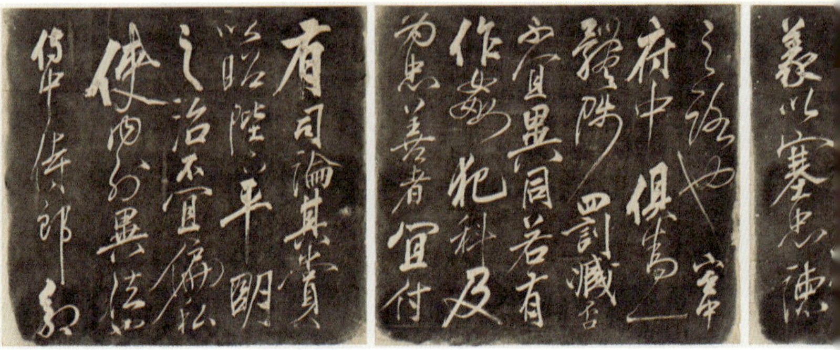

了。诸葛亮的石像屹立在祠堂正中央，看起来十分儒雅高大，两株巨型红烛不停向外滴着蜡泪。副将把四周的柴火堆放在一侧，将其点燃，祠堂一下子变得明亮起来。

火光映着祠堂墙壁，只见上面刻着一些龙飞凤舞的文字。岳飞举起火把，细细查看，才发现这些都是诸葛亮生前所赋的诗文。岳飞不免有些感怀，他眉头紧锁，目光随着文字游动。突然，祠堂内侧的一块石刻引起了他的注意。上面刻写的正是诸葛亮北伐魏国前所作的《出师表》。

“先帝创业未半而中道崩殂，今天下三分，益州疲弊，此诚危急存亡之秋也……”岳飞小声细读，低沉的声音渐渐有些哽咽。

祠堂中的空气静得可怕，只剩下木柴噼里啪啦的燃烧之

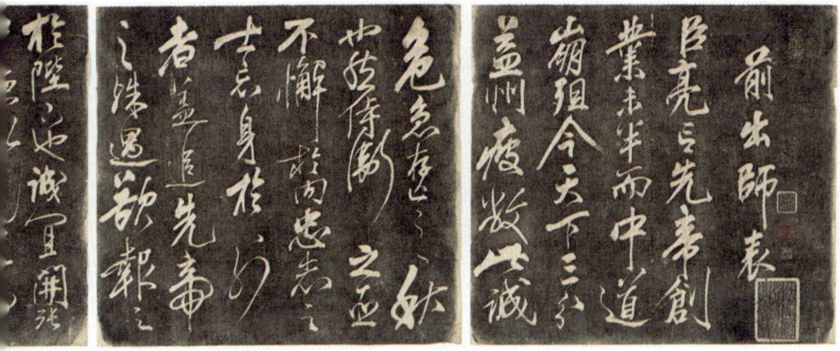

声。天色深沉，大雨却并未停歇。轰隆一声，一道闪电劈开寒凉的天际。岳飞收回思绪，三步并作两步，快步走到诸葛亮的石像前，缓缓跪下叩拜，道：“先生大义，岳飞佩服。此生定视先生为榜样，不退金军，誓不休。”

叩拜完毕，岳飞凝视石像许久，起身走至火堆一侧，从一捆行囊之中找出了纸笔。他对着晃动不停的烛火，缓缓写下了石刻中的《出师表》。随后又在卷后题跋曰：“绍兴戊午秋八月望，过南阳，谒武侯祠，遇雨，遂宿于祠内。更深秉烛，细观……”

《出师表》，岳飞草书。此卷乃南宋高宗绍兴八年（1138）的初秋之际，岳飞雨夜宿南阳武侯祠内疾笔而成。

虽是一名武将，但岳飞文采亦很出众。他的书法如同他的为人，粗犷大气、庄重激昂。《出师表》一文，字形颇大，运笔贯气流通，刚劲沉稳。文中字大小不一，时而粗重，时而细软，变化莫测的书写技巧彰显出岳飞深厚的书法功底。

一篇三国时期的作品，为何能引起岳飞的共鸣，让他泣泪挥写？

汉朝末年，天下大乱。曹操居朝廷高位，继承者曹丕建立魏国，孙权拥兵自重建立东吴，刘备三顾茅庐、请诸葛亮下山协助复辟汉室。自此三国鼎立的局面形成。

蜀章武三年（223），刘备因病去世，刘禅继位称帝。临终前，刘备托付诸葛亮两件大事：一为辅佐刘禅，治理朝政；二为北伐讨魏，统一全国。诸葛亮遵从刘备遗嘱，尽心尽力辅助后主处理朝政，使蜀地民众得以安居乐业。

蜀建兴五年（227），诸葛亮在平息南方叛乱之后，深知想要一统天下，必须北伐讨魏，夺取魏都洛阳，于是他决定亲自率兵出征。临行之前，他想及先帝的托孤之举，担忧起刘禅来，于是便写下了《出师表》一文，上书给刘禅。

《出师表》一文，不仅用诚恳的言辞分析了当下局势，还勉励刘禅光复汉业，彰显出诸葛亮对汉室的忠贞。

诸葛亮和岳飞，一文一武，虽处在不同的朝代，经历着不同的困境，然而岳飞的心境像极了当年的诸葛亮。

岳飞出生在北宋末年，自幼便经历着王朝末年动荡不安的苦难，二十岁就开始了从军生涯。靖康之变爆发后，残酷的战况激励起岳飞抗金报国的决心，岳母还在岳飞的背上刺上了“尽忠报国”四字。然而，如此坚决的赤诚之心却被现实打击得支离破碎。

南宋建国初期，金兵侵袭不断。南宋高宗绍兴四年（1134），岳飞顶着朝堂上的各种压力，一路北上，斩杀金军，收复诸多失地。然而，屡次北伐之功却并未赢得朝廷的真正认可。

绍兴八年（1138），秦桧晋升右相一职，掌管朝政大权。虽然岳飞一再上书请求北伐，但宋高宗赵构对北伐之事颇有意见，一直无意出兵。后来，秦桧在宋高宗的授意之下接见了金国使臣，希望缓和两国之间的关系。宋高宗的求和之心昭然若揭，岳飞等众多将领听闻后接连上书反对议和之事，却无半点成效。

外有狼子野心的金国，内有诡谲朝堂的掣肘。岳飞想助朝廷收复中原大地的愿望很难实现。此时见到《出师表》，不禁让他想到了诸葛亮明知不可为而为之的热血，故而感同身受，声泪俱下。

绍兴十一年（1141），金军再度挥兵南下，岳飞率军驰援淮西。淮西之战，也成了岳飞一生中最后一场抗金战役。《出师表》一文中的“鞠躬尽瘁，死而后已”一句，也是岳飞自身的写照。

《吊古战场文》战殇

浩浩乎，平沙无垠，敻不见人。河水萦带，群山纠纷。黯兮惨悴，风悲日曛。蓬断草枯，凛若霜晨。鸟飞不下，兽铤亡群……

此篇乃唐朝文学家李华之文。唐玄宗末年，经历了开元盛世的唐朝，盛世下已积累了各种矛盾。安禄山与史思明趁机发动战争，史称“安史之乱”。李华在动荡不安的局势之下，写下了长篇文章《吊古战场文》。虽然文章写的是凭吊古战场，实则想表达的是战争百害而无一利。

岳飞身处的环境与李华极为相似。繁华的大宋王朝虽然没有藩镇割据的威胁，却在建国的三百余年中，备受辽、金、西夏、蒙古等外敌不断侵袭之苦。

宋朝发生过哪些战争呢？

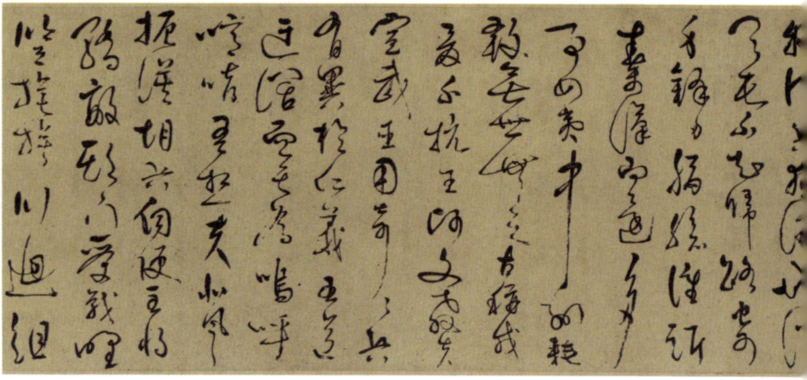

幽州之战

宋朝与辽国之间共经历了两次幽州之战。北宋太宗太平兴国四年（979），北宋灭掉了北汉，信心十足的宋太宗想继续北伐，从辽国手中夺回失去的幽云十六州。幽云十六州自古就是兵家必争之地，这一带地势宽广，包含了从天津、北京至河北、山西一带的十六个州郡。

宋太宗收复失地的心愿是美好的，而战争的现实却是残酷的。刚刚经历过与北汉的战争的宋军看似威力不减，实则已然精力不足。数十万宋军一路披荆斩棘，连夺数州，可到了幽州一地，战争打了多日，依然无法攻破幽州城（今北京）。辽军支援部队来势汹汹，兵分两路进行反击。宋军节节败退，

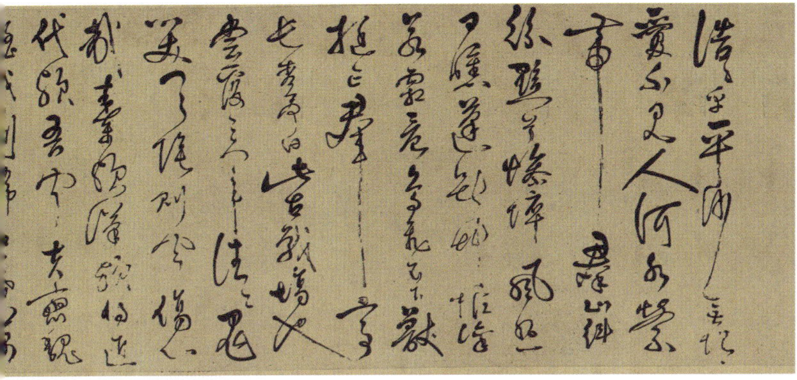

宋太宗身负重伤。宋辽之间的第一次幽州之战，以宋军死伤无数的悲惨局面结束。

北宋太宗雍熙三年（986），辽国新帝登基，国政不稳。不甘心的宋太宗看到了曙光，再次集结数十万将士，兵分三路北伐讨辽。然而就在中、西两路北伐顺利之时，刚行至岐沟关（今河北涿州西南）的东路将士，就被辽军断了粮草。东路将士饥渴交迫死伤惨重。中、西两路将士也不敢贸然进攻，撤军途中西路军又遭伏击。自此，第二次幽州之战仍以宋军的失败而宣告结束。

澶渊之盟

北宋对辽国的政治举措，因幽州之战的失败从进攻转变

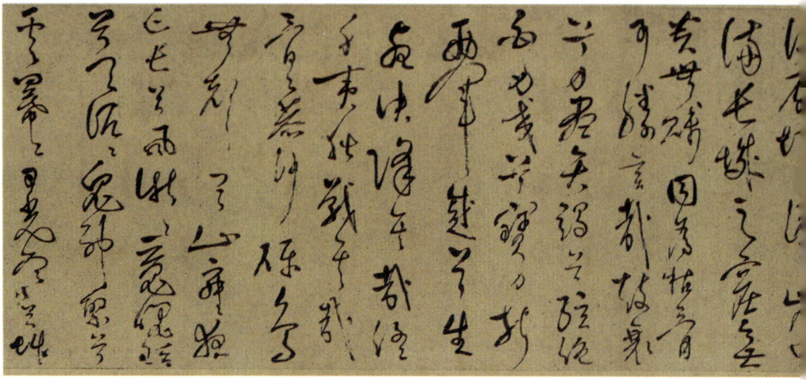

为防御。北宋真宗景德元年（1004），辽国萧太后与辽圣宗亲率二十万大军挥兵南下攻宋。浩浩荡荡的辽军一路向南挺进，一直行至临近黄河的澶州（今河南濮阳）城下，做好了随时进攻北宋都城汴京（今开封）的准备。战报传至宋真宗手中时，满朝文武百官心惊胆战。

有人主张弃城逃跑，有人主张另择都城，而宰相寇准则主张整军迎敌。宋真宗思虑再三，决定亲率数万将士发兵向北。长途跋涉的行军作战让辽军疲惫不堪，他们虽然来势汹汹，但一定抵挡不住宋军的长时消耗。但是宋真宗对战争之事，本就纠结不定，在主和派的一再劝说之下，便派大臣曹利用前去与辽议和。

北宋真宗景德二年（1005），宋朝与辽国签订和约：双

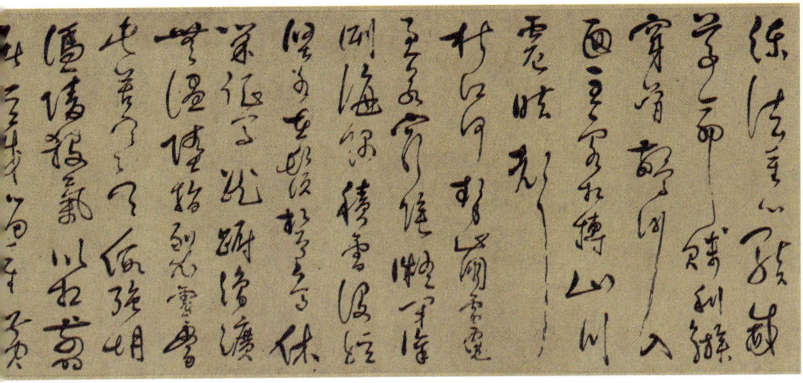

方缔结为兄弟之国，宋每年须向辽国进献白银 10 万两、绢 20 万匹，史称“澶渊之盟”。

好水川之战

北宋仁宗康定元年（1040），西夏王朝的李元昊率领十万大军向三川口（今陕西枣园）进攻。三川口因延川、宜川、洛川三条河流流经此处而得名。李元昊南下的目标是临近三川口的宋朝边城延州城（今陕西延安），他想要控制中原大地，首先必须要攻破延州防线。

然而，李元昊在三川口取得的胜利并未持续太久。寒冬不断考验着西夏军队，匮乏的粮草以及纷飞的大雪让西夏军队无心恋战，李元昊只能退回西夏。

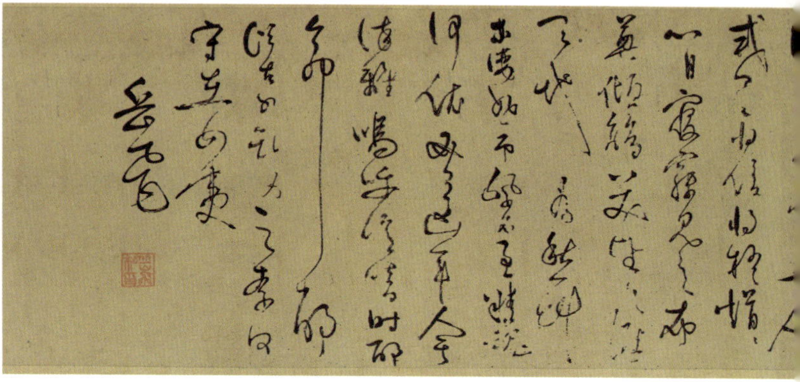

翌年的二月，李元昊再次领军南下。十万大军兵分两路：一路在好水川（今宁夏隆德西北处）埋伏，一路扬言向渭州（今甘肃平凉）进攻，实则攻打他处。宋军虽然派出了韩琦、范仲淹等大臣主持作战，却依然腹背受敌，于事无补。上万将士战死沙场，只余千余名士兵侥幸逃脱。

以上种种皆给宋的百姓带来了沉重的苦难。

南宋绍兴十年（1140），宋高宗赵构与宰相秦桧不堪金国多年侵犯，一心求和。然而议和失败，宋高宗不得不再次起用岳飞。岳飞乃忠贞之士，虽身处朝堂旋涡之中，却依然身先士卒，一心为国。

征战无数的岳飞，深知战争的苦楚。他在战场上虽有着显赫的功绩，然而内心深处，对战争却是无比痛恨的。《吊古

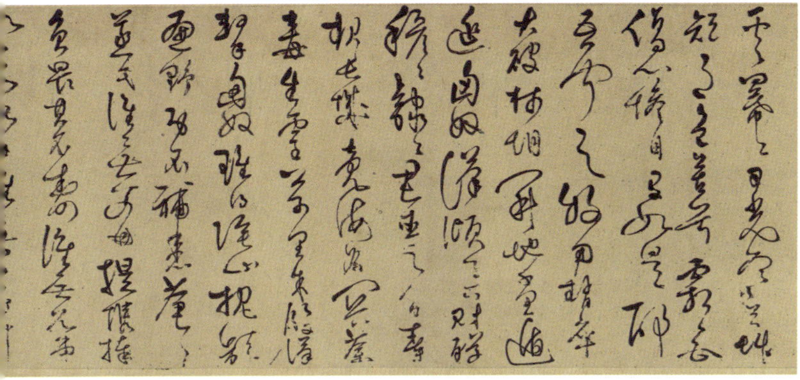

战场文》正好戳中了他痛恨战争的心。铿锵有力的笔法灵动精神，一笔一画透着岳飞正直的气韵，飞扬潇洒的字体在纸上如龙腾虎跃之姿，庄严大度。岳飞胸有万千山河，恰似他的那首《满江红》，充满了英雄气概。

怒发冲冠，凭栏处、潇潇雨歇。
抬望眼、仰天长啸，壮怀激烈。
三十功名尘与土，八千里路云和月。
莫等闲、白了少年头，空悲切。
靖康耻，犹未雪。臣子恨，何时灭。
驾长车，踏破贺兰山缺。
壮志饥餐胡虏肉，笑谈渴饮匈奴血。
待从头、收拾旧山河，朝天阙。

陆游
一笑玩笔砚，病体为之轻

《尊眷帖》 莘莘学子 书院风潮

战国时期，赵国大臣触龙劝谏赵太后：“父母之爱子，则为之计深远。”千年之后，这句话在南宋依然适用。南宋孝宗淳熙四年（1177），已经 53 岁高龄的陆游迎来了第 6 个儿子。老来得子的陆游难掩心中兴奋之情，为这个孩子起名为陆子聿。聿在甲骨文中，是用手持笔的意思。由此可见陆游对自己的第六子寄予厚望。

待六子开蒙之时，年迈的陆游怀着虔诚的心，向授课老师写下了这封《尊眷贴》。帖中有言：“……镜中有委敢请，子聿亦粗能勤苦，但恨不得卒业。函丈若不弃遗，尚未晚也……”

陆游笔下的“函丈”，是古人对师长的尊称。

古人学习与现代相比极为不同。夏商时期，人们已经有了学习的意识，并设立了“庠”“序”“校”等教学机构。此时的学业内容大多以伦理道德、骑射武术为主。随着社会的发展，古人们的求知欲逐渐增加，历朝历代的教学机构和学习内容也不断改革拓展。

两宋时期的教学条件已十分完善。国子监是宋朝的最高学府和教育管理机构。赵匡胤称帝之后，对后周的国子监进行了大规模的扩建。竣工之后，许多权贵子弟成了国子监中的“常客”。地方学子虽然很难进入国子监学习，但是可以在朝廷办的州县学府中进行系统的学习。

宋朝各州县都设有官学，甚至设有一些律学、医学的专门学校。在“重文轻武”的政策下，宋朝文人求学的队伍越来越庞大，各地书院也发挥了相应的作用。

北宋大中祥符二年（1009），宋真宗为后晋时期创办的应天书院赐“应天府书院”匾额。而后，宋仁宗又于北宋庆历三年（1043），将应天府书院改为南京国子监。它是有史以来，唯一一座从地方书院升为国子监的教育机构，应天府书院也成为了北宋时期的最高学府。文学家晏殊与范仲淹更是先后担任这所学院的函丈。

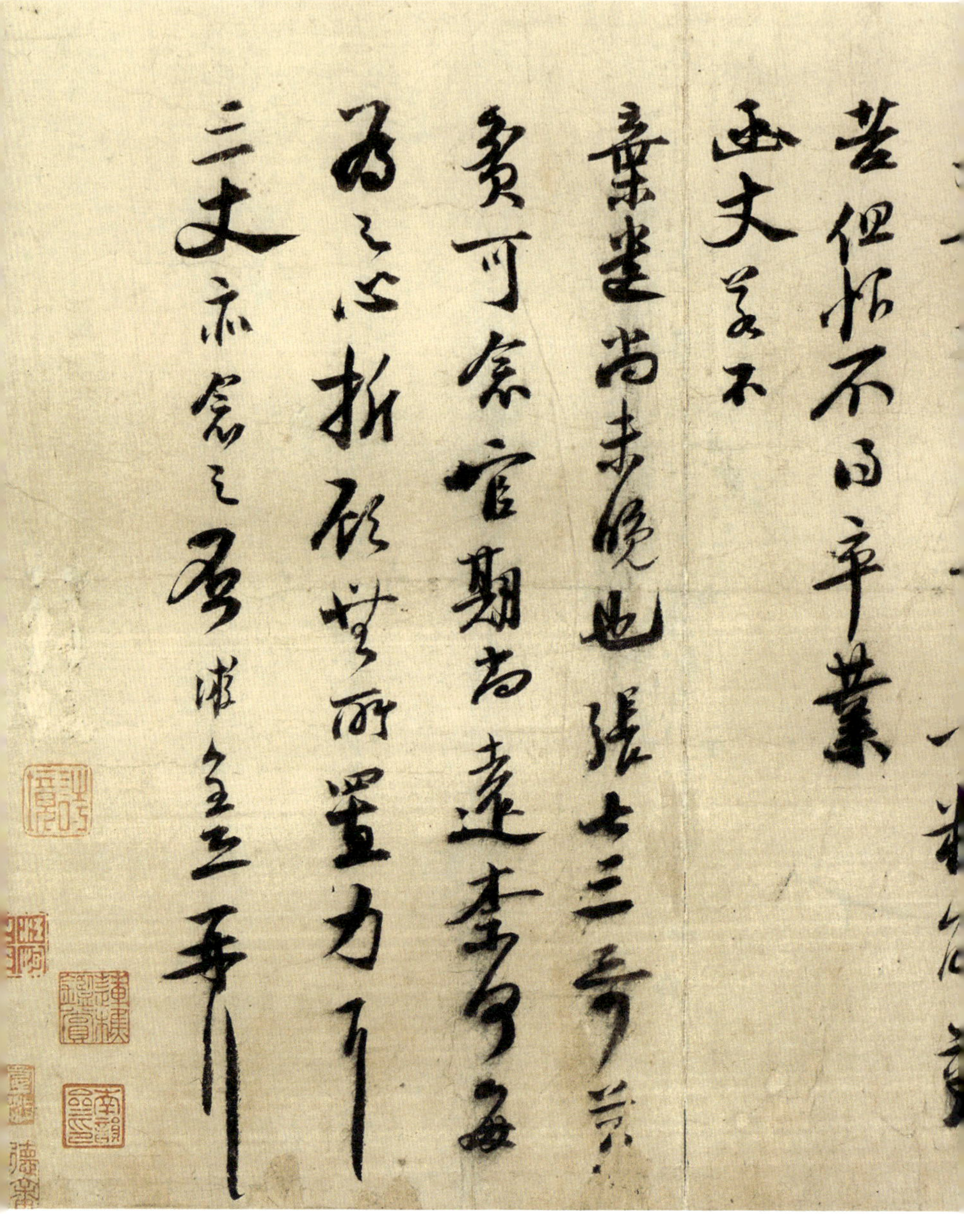

在湖南长沙岳麓山的脚下，也有一座十分有名的书院，名为岳麓书院。它于北宋太祖开宝九年（976）由官府出钱创办。在掌管书院的山长周式的带领下，岳麓书院很快名扬五湖四海。宋真宗听闻后，召见周式，欲赐他高官厚禄。可周式一心扑在学院上面，婉拒了宋真宗的赏赐。最后，宋真宗御赐“岳麓书院”的匾额，并悬挂在书院大门上方。南宋孝宗乾道三年（1167），理学有了更加蓬勃的发展。理学家朱熹与教育家张栻在岳麓书院的百泉轩论学三天三夜，史称“朱张会讲”。

白鹿洞书院虽然创办于唐朝，但到了宋朝才声名日显。书院的东边，还有一座紫阳书院。紫阳是朱熹的名号。他曾在白鹿洞书院举办讲会。

此外，嵩阳书院也是宋朝“四大书院”之一。这里早年间是一座佛寺，在北宋仁宗景祐二年（1035）被朝廷赐名为嵩阳书院，此处因有多位理学大家举办过讲学，也被认为是宋代理学的发源地之一。

无论是哪间书院、哪种教育机构，两宋时期学校所传授的主要内容大多以经义、策论、诗词为主，同时兼修律学、骑射等课程。宋朝学府大多采用的是分斋学习。斋类似于现在的班级，一斋可容三十人左右，每斋都会从学生中选出一名斋长，帮助老师处理日常教学事务。

开放是宋朝学府教学的一大特色。就拿最高学府太学来讲，除了每年录取固定学生听课外，学院中常常还会出现许多其他前来听课的学生，相当于现代大学的“旁听生”。当今教育界极为流行的“志在家国，学无边界”这一观念，在千年前的宋朝就已经出现过。

陆游对孩子学业的严格与担忧，展露的不仅是为人父的浓浓爱意，更表现了宋人一心向学的强烈意愿。在这种意愿的背后，是宋朝整个朝廷对教育教学的支持与推崇。

陆游行书的《尊眷帖》，纵 29.3 厘米，横 38.3 厘米，共 11 行 80 字。陆游的书法作品流存于世的并不多，早年间，他常常临习唐末五代书法大家杨凝式的笔法。他的书法风格稍显活泼跳跃，灵动随意。但细细品看，就可察出陆游在运笔之时的凝练自然，一笔一画中带着浓浓的诗人气韵。他的字迹，用南宋著名理学家朱熹的“笔札精妙，意致高远”来形容最为贴切。

诗人对人和事的理解更为细腻，轻描淡写间蕴藏着饱满强烈的情感。故赏陆游之书法，需层层深入。《尊眷帖》中字形结构颀长，笔画转折十分利落，这或许与他正直奔放的性格有关；运笔似疾风呼过，笔意却绵绵不绝，就如同他的诗文一般，使人在品读间不禁如痴如醉。

晚年的陆游爱极了书法，他曾在《北窗试笔》一诗中言：“病体为之轻，一笑玩笔砚。虽无颜柳工，挥洒亦忘倦。”想来，也只有怀抱如此浓烈的热爱，才能写出如此大气奔放的《尊眷帖》。

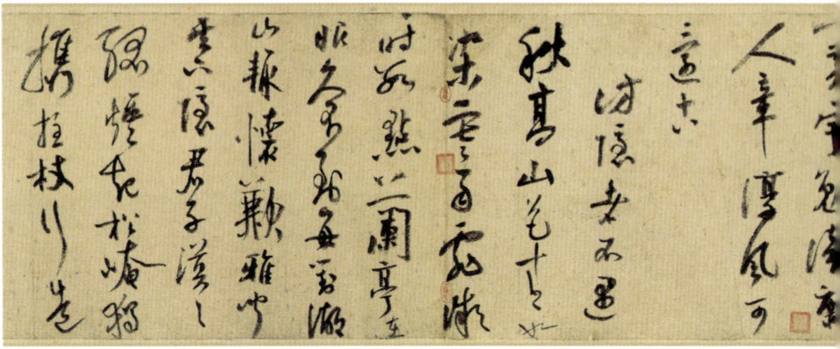

《自书诗卷》梦中的家园

陆游终于在杖朝之年回到了阔别已久的家乡。他出生于两宋之交，幼时就已经体会到了背井离乡与山河动荡。越是有才华之人，越是想要在家国危难之际，挺身而出施展才华。南宋高宗绍兴二十三年（1153），陆游前往京城临安参加进

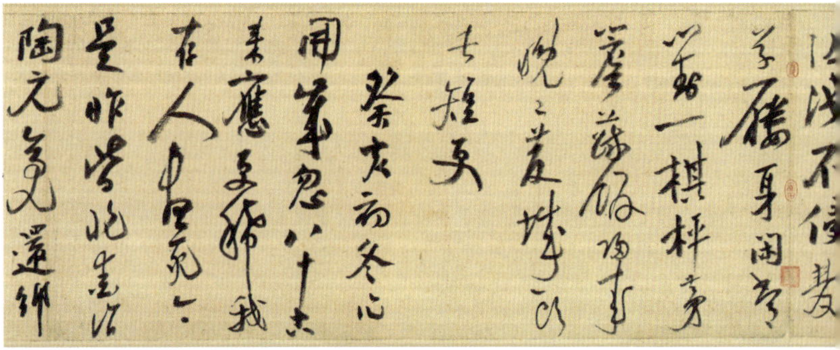

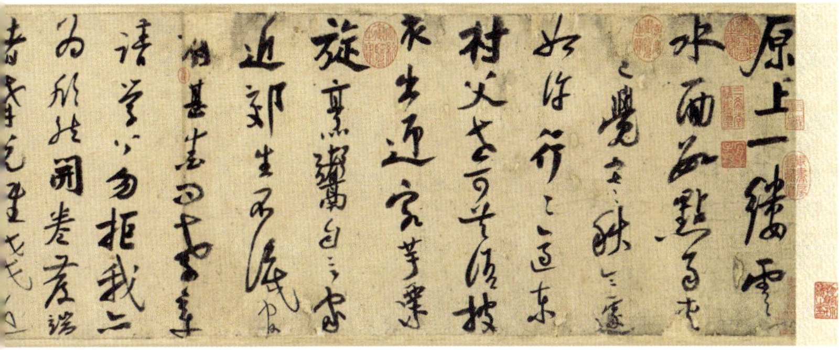

士考试。许是时运不济，他偏巧与宰相秦桧之孙秦埙同为一届考生，在秦桧的嫉妒中失去本该属于他的第一名，而这也成了陆游一生仕途坎坷的开始。

从 28 岁离家考试开始，陆游便很少回到家乡山阴县。山南水北视为阳，山北水南视为阴。由于南郊是会稽山，位于浙江绍兴一带的山阴县便因此得名。早时的山阴县属于会稽郡

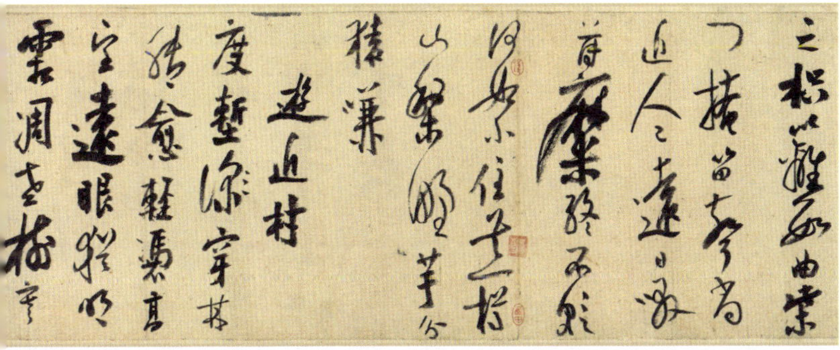

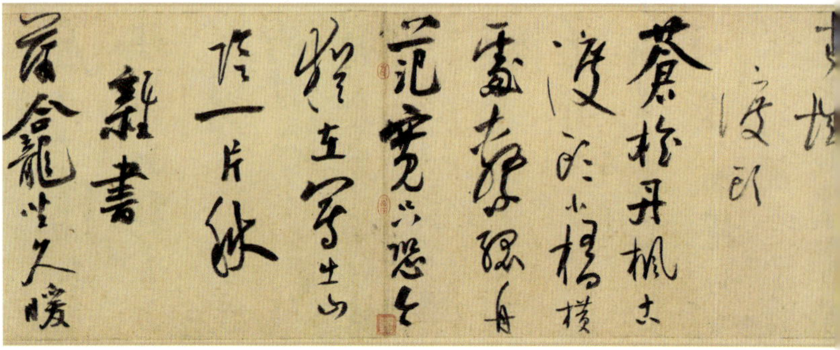

二十六县之一，人口稀少。南宋高宗建炎五年（1131），宋朝朝廷改越州为绍兴府，山阴县成为绍兴府的府治所在地。

为了不出现前朝藩镇割据的内乱局面，宋朝朝廷将全国的行政地域划分为三级：一级为路；二级为府、州、军、监；三级为县。北宋太宗至道三年（997），朝廷将行政地域分为十五路，其中包含了河北、河南、陕西、淮南、两浙、福建等地。

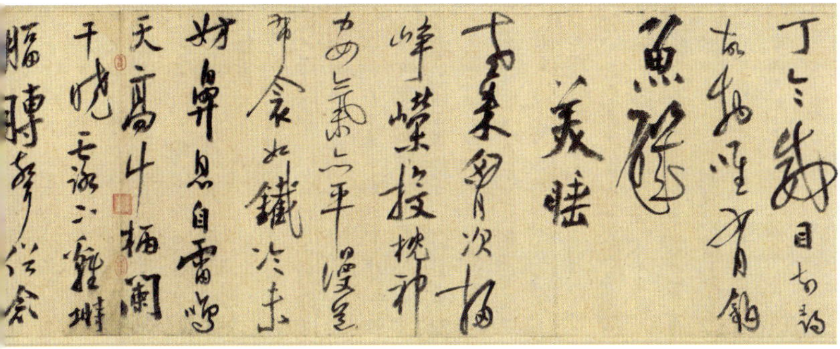

北宋末年由于疆域面积的扩大，全国的行政地域增为二十六路（但由于金朝失约，实际为二十四路）。没了藩镇割据的威胁，宋朝政权高度集中。而经济文化与科学技术在朝廷的推崇下发展得愈发繁荣。

可惜的是，宋朝虽然减少了内乱的发生，却始终躲不过敌军的兵马。随着靖康之变爆发，繁华的北宋疆土不断

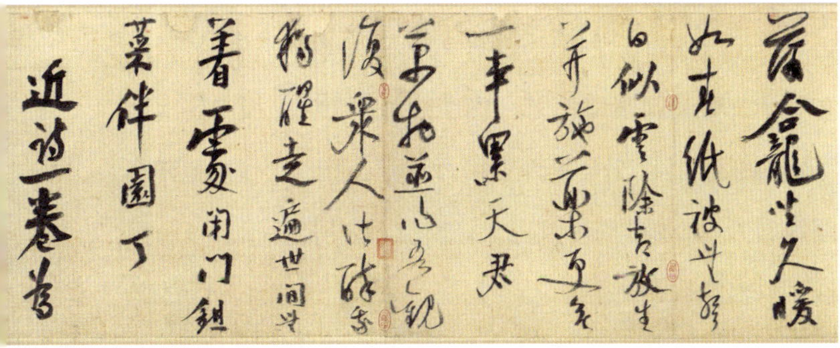

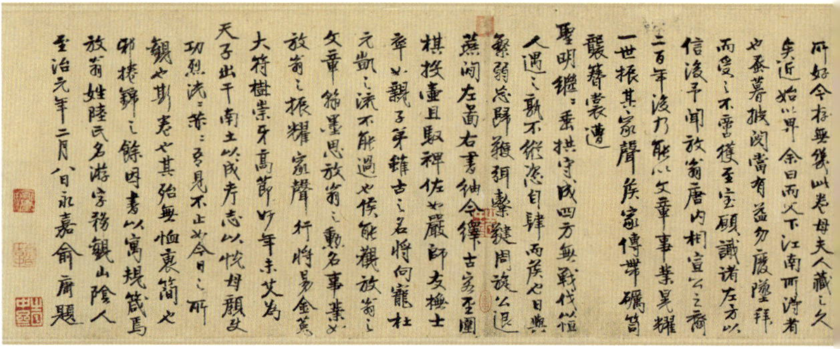

丢失。随之建立起来的南宋王朝，不得不屡屡向南迁移，临安（今浙江杭州）成了新的京城。到了南宋高宗绍兴十二年（1142），朝廷真正可以管辖的行政地域只剩下十六路。

宋朝鼎盛时期全国共有州府二百余个，县衙上千个。府设立的地点一般处于政治要地，如北宋京城东京开封府、洛阳的西京河南府、商丘的南京应天府、邯郸的北京大名府等。两宋时期，管理州的官员称为“知州”。晚年时期的陆游曾出任过严州（今浙江西部）知州，其著名的《剑南诗稿》就是在此地任职期间整理而成。“知州”职责庞杂，如监管本地百姓的生产生活、处理案件官司、维护当地治安、宣扬道德伦理观念等。宋朝对教育教学十分重视，每州还会设立一名管理本地教育的“教授”。

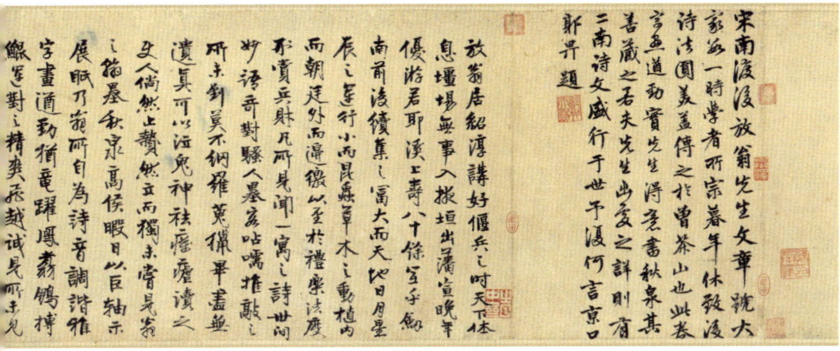

历史上的山阴一直只是一座小县城，但家在任何人的心中都弥足珍贵。正如唐朝诗人贺知章曾道：“少小离家老大回，乡音无改鬓毛衰。”陆游也是如此。年少离家是为国，在经历种种坎坷不顺之后，心中最想归还的，还是那静静屹立在江浙一隅的山阴县。

南宋宁宗嘉泰四年（1204），离家多年的陆游回到家乡。村中偶见的老翁似是他年少时一起长大的伙伴，巷头嬉闹的乳儿是稚嫩崭新的面孔。空气让人舒爽，潮湿的秋雨如约而来，平静的湖面被点点雨滴惊醒。寒舍虽然简陋，却是可以静心安睡的绝佳场所。

被秋雨清洗过后的远山披上了淡淡的青雾，天空变得透亮，山中的亭子依稀可见。浓密的苍松是远山的孩子，在如梭的时光中依然挺立在山脊上。袅袅炊烟在远山中升腾，是密林深处的隐者在烧火做饭。

幽静的湖水在山脚下悠悠荡荡，记忆中的渡口依然只有三三两两的行人。寒凉的细风卷起了阵阵秋意，岸边的古木梳起了金黄的发髻。偶有鸟雀声传来，细腻婉转的声音一会儿划过天际，一会儿飞在枝间。孤舟横在桥头，老船夫静坐在岸边，临湖望着水中的游鱼，悠闲极了！若是画家范宽在此，必定又将有一幅壮丽苍茫的山阴秋景横空出世。

家可真美啊！山阴可真美啊！年老的陆游在此地无拘无束，忙时耕地养鸡，闲时展卷挥笔。什么雄心壮志、朝堂风云，都不如此时的田园生活来得潇洒自在。于是，陆游率性恣意，写出这卷纵 31 厘米、横 701 厘米的《自书诗卷》。

书法是陆游一生的追求。展开此卷，草书中处处饱含着陆游浩然正气的真性情。晚年的陆游运笔功力雄厚，飞腾张扬的字迹中，展现着熟练老成的笔法和天真随意的心境，苍劲奔放的笔画完美地诠释出何谓“胸中磊落藏五岳”。卷中内容充满了浓浓的田园气息，但这种宁静朴实的生活却被陆游挥写得大气磅礴。

“原上一缕云，水面数点雨。夹衣已觉冷，秋令遽如许！行行适东村，父老可共语。披衣出迎客……”山阴，不正是那座陆游寻寻觅觅的梦中的家园吗？

注：陆游《自书诗卷》现藏于辽宁省博物馆。

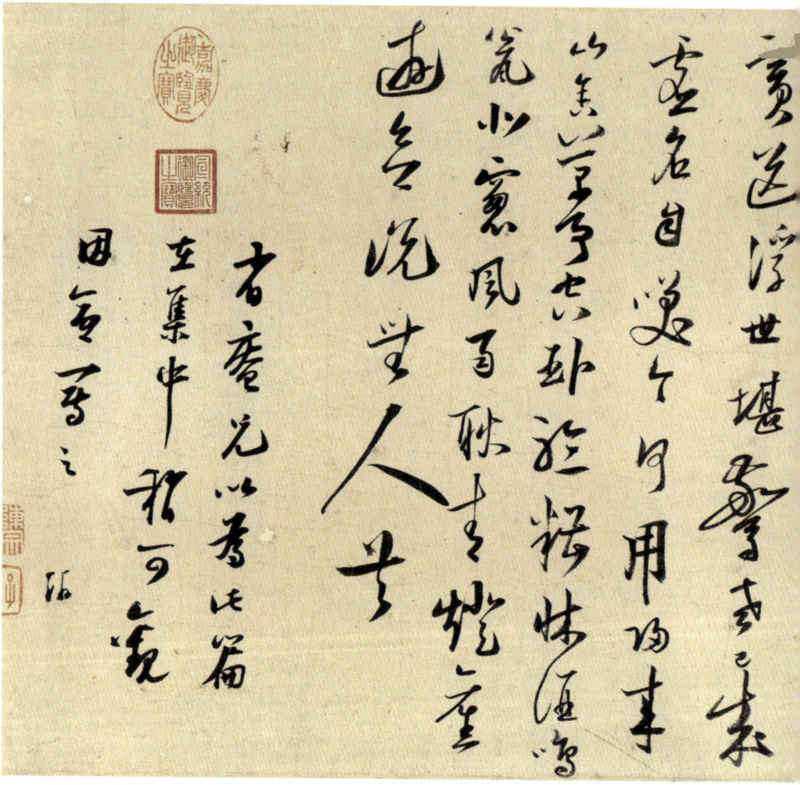

《怀成都十韵诗》 记忆中的成都

锦城，四川成都的古名，是一座历史文化悠久的城市。公元前 367 年，古蜀国的王朝将成都定为都城。秦昭襄王时期，蜀郡（今四川）太守李冰，在成都主持修建了著名的都

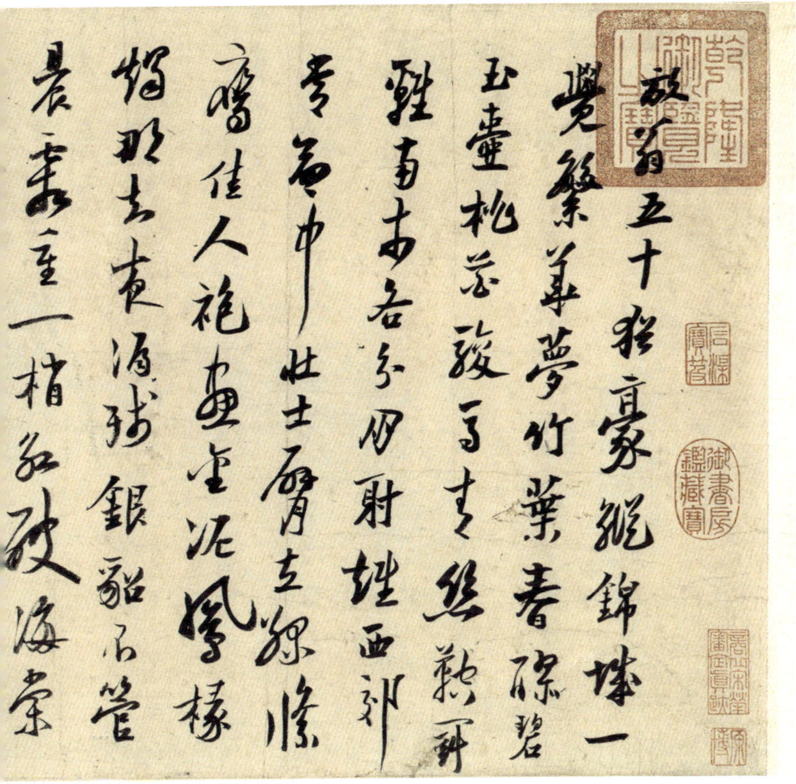

江堰。此后，成都平原逐渐成为大家心目中的“天府之国”。北宋仁宗嘉祐四年（1059），朝廷将益州路改为成都府路。此路为宋朝有名的川峡四路之一，它的府治之地就在成都。

多年之后，走上仕途的陆游更是与成都结下了深厚的情谊。

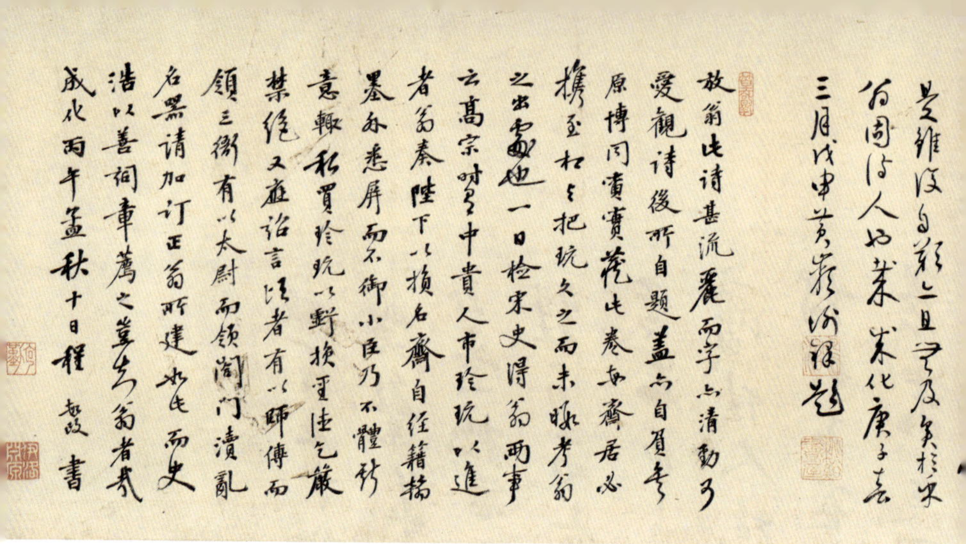

南宋孝宗乾道八年（1172），宋孝宗任命陆游为成都府路安抚司参议官。翌年，陆游又受命改调为嘉州（今四川乐山）通判。三年之后的淳熙二年（1175），恰好五十岁的陆游，受大臣范成大的举荐，担任锦城（成都）参议一职。范成大与陆游皆好诗文、书法，共事期间，二人常常邀请一众文人儒士谈古论今，成为惺惺相惜的知己好友，在成都的岁月也因此成为陆游心中最美好的回忆之一。

晚年的陆游因为朝廷的任命，辗转漂泊多地。然而他依然没有忘记昔日在成都任职时的美好岁月，于是将旧时在成都所作诗文行草于纸本之上，并赠与友人。

“放翁五十犹豪纵，锦城一觉繁华梦……归来山舍万事空，卧听糟床酒鸣瓮。北窗风雨耿青灯，旧游欲说无人共。”陆游笔下的《怀成都十韵诗》跌宕起伏，自由奔放，他挥笔

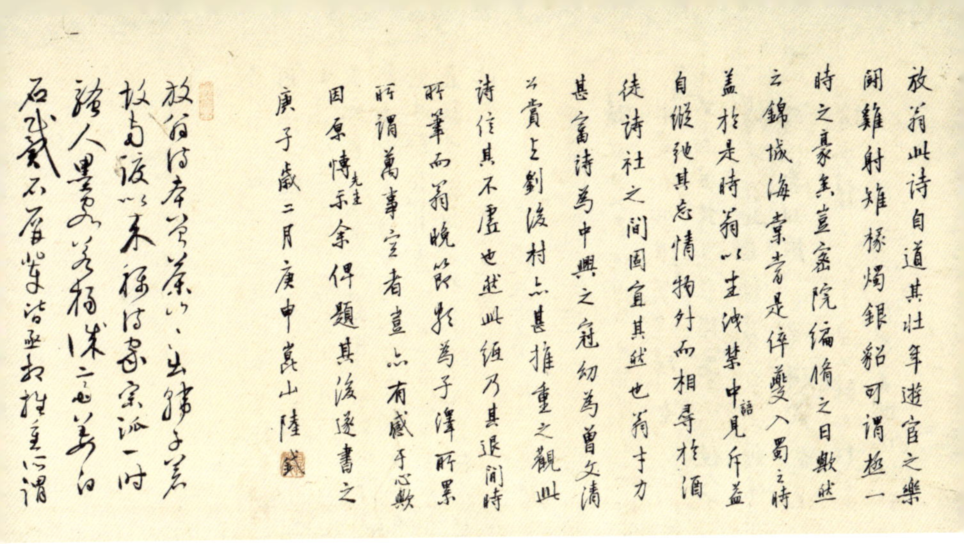

之时带着浓厚的昂扬意气。行书与草书在文中相互融合，既豪迈又收敛，既张扬又丰润。充满委婉感怀的诗词，诉说着昔日时光不再，他也只能用笔墨挥洒那心底深处久违的美好。

陆游习字，不仅带有杨凝式的清新肆意、舒朗古朴，还带有草书大师张旭的狂放飘逸，而苏轼丰盈天真、雄浑潇洒的运笔习惯也被陆游运用得惟妙惟肖。这就使陆游的书法风格在众多书法作品中独树一帜。明朝学者程敏政曾在题跋中赞曰：“放翁此诗甚流丽，而字亦清劲可爱。”

在陆游的笔下，成都仿佛被注入了新的灵魂。

两宋时期，繁荣的经济不断刺激着农业与手工业的蓬勃发展。不同于宋朝的其他城市，成都的市场交易种类十分丰富。据北宋名臣赵抃在《成都古今集记》中的记载：“正月

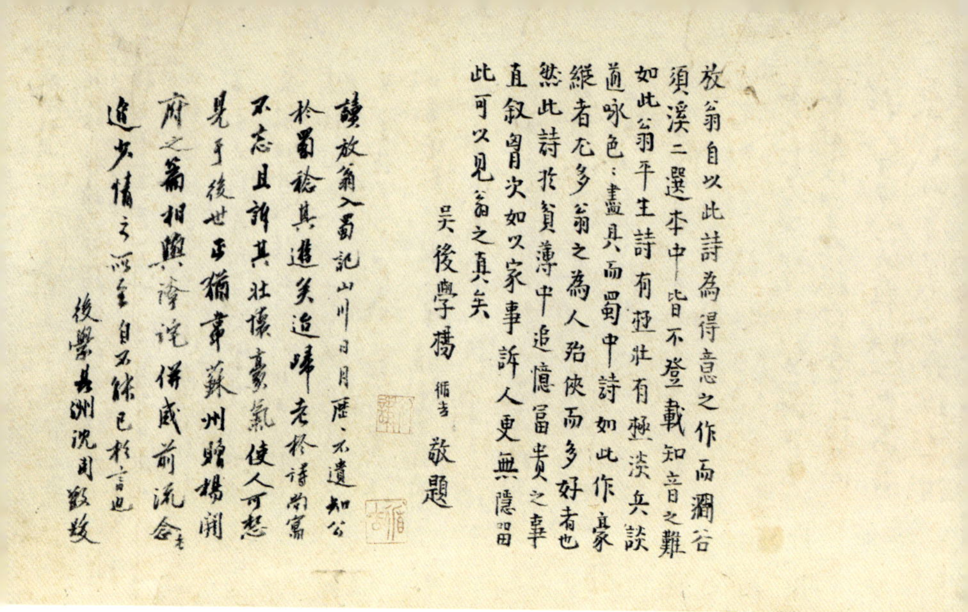

灯市，二月花市，三月蚕市，四月锦市，五月扇市，六月香市，七月七宝市，八月桂市，九月药市，十月酒市，十一月梅市，十二月桃符市。”一年“十二月市”让成都在宋朝乃至中国整个历史上的名声大噪。

陆游在成都也曾被这些热闹的集市震撼，曰：“何事又作南来？看重阳药市，元夕灯山。花时万人乐处，欹帽垂鞭。”

这些热闹的集市很早便已经出现，到了繁华的两宋时期，“十二月市”的形式日趋完善。就拿二月的花市来说，早在唐代，百姓们就会在每年农历二月十五日举办庙会，用百花来庆祝道教老祖李老君诞辰。而农历二月的成都天气温和、春意盎然、百花繁盛，因此成都才有了花市一说。

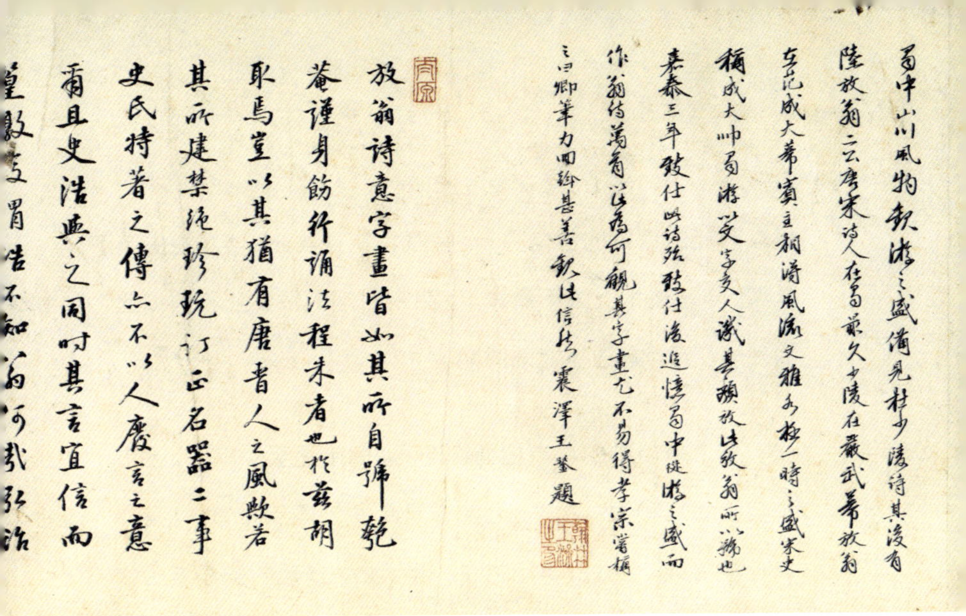

宋代，受插花风潮的影响，成都的花市因优越的环境更加繁荣。花市几乎月月昌盛，然二月更盛。此时，人们除了逛花市，还钟情于踏青。青山绿水之中，过万里桥，闻百花香，赏湖光山色，听山林之音。这种拥有浪漫趣味的生活方式，十分符合宋人对生活品质极为讲究的作风。陆游可是爱极了成都的花，为此，才有了“当年走马锦城西，曾为梅花醉似泥”的潇洒舒畅，以及“成都海棠十万株，繁华盛丽天下无”的惊艳赞叹。

成都蚕市最为繁荣的时代也是宋代。据《宋史·地理志》对川峡四路的记载：“土植宜柘，茧丝织文纤丽者穷于天下。”可见，受地理条件的影响，成都平原与四川盆地成为宋朝十分重要的蚕桑业基地。蚕桑业对于宋人十分重要，它关系到数以万计的百姓的日常生计。有蚕才能抽丝，有丝才能生产丝绸。随着技术上的不断进步，南宋时期的蚕桑业和丝绸业的发展都远远超过了北宋时期。

十二月市中的锦市指蜀锦交易，扇市是买卖扇子，香市是买卖香料和香料物件。七宝市是专为乞巧节而举办，常常卖一些彩线、七孔针等小物件。药市上大多是一些偏方药材或犀麝麋鹿等制品。酒市卖酒，梅市卖梅，而桃符市卖的都是年货等喜气之物。

成都的十二月市是整个宋朝商品交易风俗繁荣的缩影，而陆游正是这个缩影的见证者。这卷《怀成都十韵诗》，揭开的是陆游恍恍惚惚的旧日之梦，梦中流淌的，却是流年中宋朝传统风俗里的一片繁华。

注：《怀成都十韵诗》纵 34.6 厘米，横 82.4 厘米，现藏于北京故宫博物院。

范成大
只在此山中的居士

《致养正监庙奉议尺牍》瞧！这有一卷最美的纸

范成大素有文名，尤工于诗。他的一手好书法，又被掩藏于诗名之下。他自幼受母亲蔡夫人亲自指导，蔡夫人乃“北宋书法四大家”之一蔡襄的孙女。尽管有高人在侧指导，但范成大墨迹珍贵，如今很难从历史的长流中寻到。我们更多时候，只能在“连雨不知春去，一晴方觉夏深”中，感慨时间流逝；在“梅子金黄杏子肥，麦花雪白菜花稀”中，观望田园美景。

《致养正监庙奉议尺牍》是范成大为数不多的传世书法作品，现藏于台北故宫博物院。范成大习字以行草为主，他早年间习得张旭草书笔法，后又常常临摹王羲之的字迹学其气韵，故所写之字典雅凝练、自然大气。此卷书法运笔线条流利，下笔有力稳重，落笔利落干净。字如其人，圆润饱满中可见方正的字体，或许与他生性忠正刚直有关。

细细看去，《致养正监庙奉议尺牍》虽是一卷严肃庄重之作，字里行间却隐隐透出儒雅风气，一笔一画呈现出的是书写之人的无拘无束、潇洒奔放。极爱田园生活的范成大，不仅将自己的心意诉说在诗文之中，更是挥写在了这封尺牍之上。

尺牍，信札也。

东汉元兴元年（105），蔡伦终于在一次次实验中制成了“蔡侯纸”。此纸制作起来较为容易，且物美价廉，因此汉和帝刘肇下令推广此纸，而纸也就逐渐占据了古人生活中的角角落落。唐代，人们对美的追求逐渐体现在对纸的二次加工上，“笺纸”也慢慢成了文人雅士间极为流行的“尤物”。

年少丧父的薛涛因生活所迫，无奈之下加入乐籍。她才华横溢，极爱作诗，早年居住在成都附近的浣花溪旁。因成都一地盛产蜀纸，制笺便成了薛涛的乐趣。为了

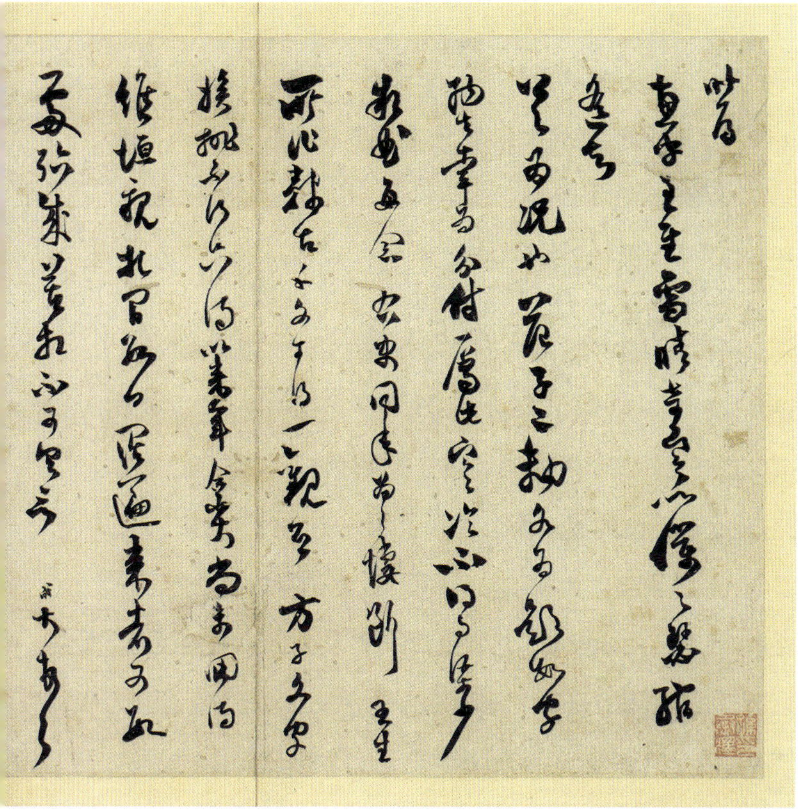

符合自己的使用习惯，并使笺纸更为美观，薛涛缩小了纸的尺寸，将其染上不同颜色，深红、粉红、明黄等笺纸各有风情。“薛涛笺”很快便火了起来，文人士子更是常常用此笺吟诗挥字。所谓“浣花笺纸桃花色，好好题诗咏玉钩”描绘的正是这种场面。

两宋时期，笺纸继续流行，其种类也变得更加丰富多彩。宋人常用的纸分为素笺和花笺。素笺颜色单一、朴实无华，而花笺却精致无比。花笺制作繁琐，首先要将山水风景、人物花鸟等图案雕刻在木板上，然后再用水印的方法印在纸上。与其说花笺是一张纸，还不如说它是一件工艺品。

精美的花笺恰好能满足宋人讲究的生活态度，而“重文轻武”的政治风气，不断掀起一波又一波的书画浪潮。宋徽宗又怎会置身事外？在浓淡相宜的《池塘秋晚图》的纸面上，是优雅回旋的美丽纹样。这是宋笺中有名的“粉笺”。工匠们在制作此笺时会采用特殊的技法，对洁净的纸进行上粉处理，纸面上由此形成了巧妙绝伦的纹路。这种内敛的纹路，远远望去，与素笺无二；细细观之，则会发现水墨作品之下，还存在着另一种美。

《致养正监庙奉议尺牍》中潜藏的也是这种低调的美丽。笺纸上的纹路时而像枝条攀缘，时而如波纹袭来。再配上范成大老练奔放的笔法，此信更显灵动之美。

带着细布织纹的“罗纹笺”在宋朝也极为流行。此笺首先要染好色，再去印压纹路。为了使纸上的纹路一目了然，工匠常常会用细布对纸进行二次印压。此纸上的罗纹并非平坦的，时有凸起的纸面十分考验宋人的书法功力。书法大家黄庭坚对此纸甚是喜爱，还央求工匠私人订制。

虽然两宋时期的科学技术水平有限，可充满智慧的宋人却用他们灵巧的双手，制作出了一张又一张精美的笺纸。龙凤笺、团花笺、金花笺……这些不同的笺纸，都曾是宋朝文化的辉煌在历史上的惊鸿一现。可惜的是，随着蒙古军团铁骑的到来，宋朝笺纸制作技艺失传，消失于虚无。

回望茫茫历史长河中，宋笺又往何处寻呢？

瞧，这封由范成大亲笔行草的《致养正监庙奉议尺牍》，不正是那卷最美的纸吗？

注：范成大，字致能，号石湖居士，南宋时期著名诗人。与杨万里、陆游、尤袤并称为南宋“中兴四大家”。

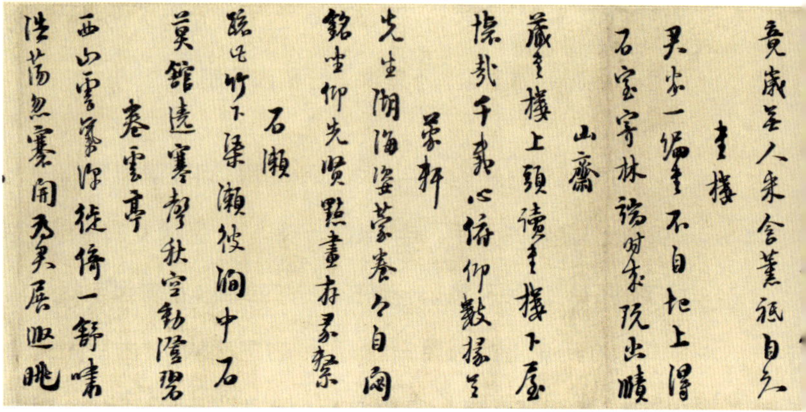

朱熹
擅长书法的理学大师

《城南唱和诗卷》 长沙十万户 游女似京都

沿一条弯弯曲曲小道，拨开一处浓林密枝，恰好寻得见潭州（今湖南长沙）城南书院的大门。虽是建在妙高峰之峦，好在并不算高，张栻每日往来也不算辛苦。其父张浚早年间就已经看中了此处风景胜意，在南宋高宗绍兴三十一年（1161）时专门建了城南书院。

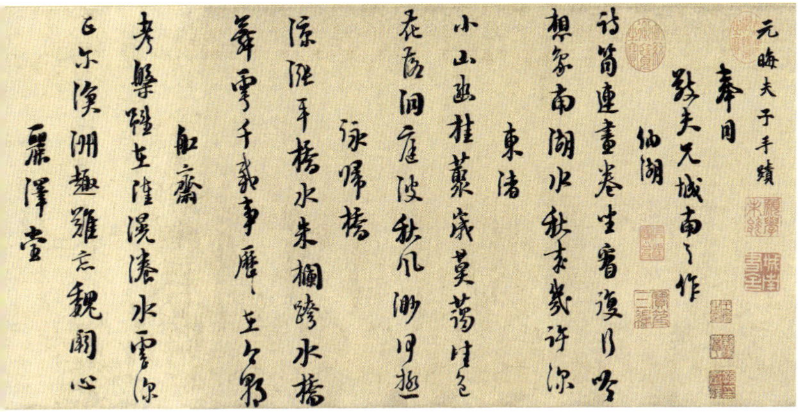

与其说是一处学习之地，不如说它是一所典雅园林。院中景致十分别致，引人入胜。为此，在始建之时，张栻与父亲可是操碎了心。院中有景十余处，气派壮美的丽泽堂、高大古朴的书楼、别有一番趣味的养蒙轩、浪漫柔美的月榭等，个个似梦中仙境之地。门楼上立着一座小巧精美的卷云亭，缥缈碧绿的湘江水从亭前滚滚流过，远处的岳麓山在烟雾中隐现。

早起之时，晨雾似轻纱般在卷云亭边缓缓铺开，目之所及一片茫然，只听得见湘水的叮咛。远山婀娜多姿，在薄雾中时隐时现，甚是迷人。日落时分，轻盈的云朵流光溢彩，火红的夕阳打在它们娇滴滴的脸上，红艳明媚。

峰顶的南阜层层叠叠，傲视山川，一峦接着一峦，甚是高大。

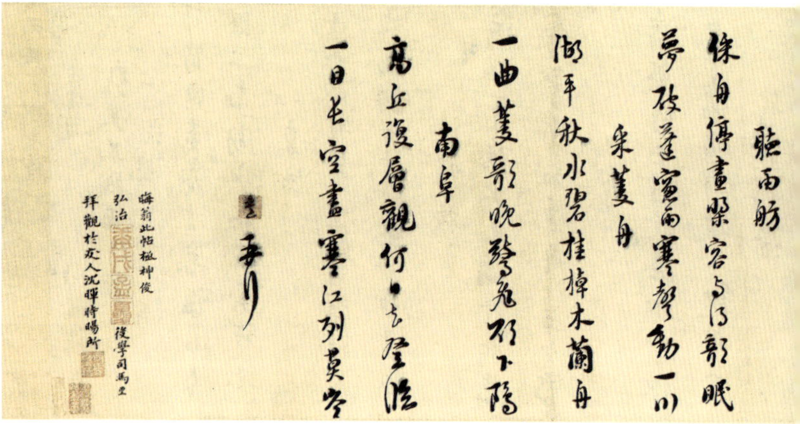

琮琤谷有些遗世独立，它虽不及卷云亭秀美，也没有南阜的雄伟，但谷中绿竹成荫，倒显得恬淡安逸。

荡漾着满池碧波的纳湖动人心魄。湖水森绿如镜，菱枝丛生。微风轻轻一拂，菱枝摇摇晃晃，旋而成舞。翩翩轻舟随意停靠在湖边翠树下，不时会有采菱女轻踏舟上，撑起细长的竹篙，飘向湖中菱枝深处。

城南书院虽是学子们的苦读之所，但能日日居住于此，还真是神仙般的日子。城南美景分外迷人，张栻好友朱熹早就想要到此一游。

南宋孝宗乾道三年（1167），朱熹择八月夏秋之际，与

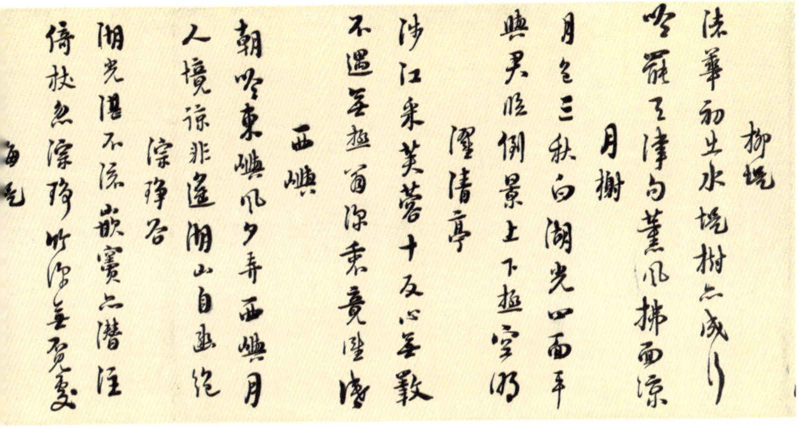

张栻一同游遍潭州美景。然城南书院二十景最为迷人，朱熹颇觉美不胜收，在一景一诗、二人唱和之下，作诗文二十咏。从“想像南湖水，秋来几许深”的纳湖，到“西山云气深，徙倚一舒啸”的卷云亭，再到“一目长空尽，寒江列莫岑”的南阜，朱熹之诗，充满着浓浓的留恋与赞叹。

潭州之行让朱熹对此地美景刻骨铭心。于是他挽袖提笔，将所作的 20 首诗文书于纸上。

朱熹之字，从容灵动、圆润饱满、自然飘逸。他十分在意字面行距的疏朗。这卷《城南唱和诗卷》一眼望去，整齐端正，有条不紊。其中运笔气韵充沛，字大多一气呵成，而笔画却是绵绵不绝、柔和典雅，显出了朱熹身上特有的气韵。整体观之，卷中字个个神采飞扬、潇洒不羁。横能屈能伸，竖能斜能直，撇或藏或露，捺或张或弛。看下来只觉字意不凡，气度雍容。

潭州，今日的长沙，这座令朱熹流连忘返的城市，在两宋时期又有着怎样的故事呢？

《元丰九域志》中记载，宋朝有 6 个人口超过 20 万的大城市，而潭州就是其中之一。两宋时期，人口数量的激增使商业飞速发展。而宋朝夜市、作坊的繁荣，又把城市经济带上了新的高度。盛产大米与茶叶的长沙，很快在农业与手工业的领域中脱颖而出。

纸便是其中之一。在长沙优裕的自然环境的滋养下，竹藤、稻、麦等植物都生长茁壮，它们的副产物秸秆都是造纸的原材料。长沙是有名的产纸地，造纸业蓬勃发展。而在造纸业的刺激下，雕版印刷变得十分活跃。官府、书坊、书院等众多机构都与印刷密切相关。

北宋仁宗庆历年间，毕昇通过日积月累的经验，发明了活字印刷术。这种印刷术用胶泥活字与木活字进行排版。长沙作为产纸地，城内的印刷业也很快迎来了新的高潮。满城文艺风气之中，长沙学堂、书院事业也得以兴起。两宋时期，除了张栻所办的城南书院外，著名的岳麓书院也坐落在长沙城中。

北宋时期，长沙水路发达。湖南等地的货船，大多都会从长沙经过，继而顺着湘江水、越过洞庭湖，直接驶入长江中下游水道。由于水路的便利，长沙的造船业日渐鼎盛。相比前朝的船只，宋船体形更加庞大坚固。偏小的船头，V 形的船底，保证了宋船在行驶过程中的速度。除了实用性，安全性也是宋人在造船时所必须要考虑到的。诸多宋朝大船上都配有小船，一旦大船遇到危险，乘客可以乘小船离去。根据史料，北宋真宗天禧年间（1017—1021），宋朝一共制造出 2916 艘官船。仅潭州一地，就制造出了 280 艘官船。潭州官船在技术上更为先进，可载漕米万石，被宋人视为“巨舰”。

长沙不仅水路发达，农业生产也超越前代，大米、小麦等农作物的种植自不必说，果树种植也发展成为当地农业的一个重要分支。“湘江北去，橘子洲头”说的正是长沙湘江水中的橘子洲，其得名也正来源于当地的产物——橘。栽培橘树是宋朝时当地农户的首选，成熟后的橘子被送往城中的各个商铺中售卖。讲究的宋人将橘子视为不惧严寒的高洁之物，诗人笔下更是写出“可知侯万户，不似橘千头”这样的赞美诗句。

朱熹迷上的长沙，有商户千所、农户万家，春可游景，秋可品橘，人人安居乐业，城内车水马龙。正如诗人张栻在《渡湘江》一诗中生动地描绘道：“晴日花争发，丰年酒易沽。长沙十万户，游女似京都。”

《易系辞册》宋代易学

《周易》有云："是故《易》有太极，是生两仪，两仪生四象，四象生八卦，八卦定吉凶，吉凶生大业。"

《系辞》，又叫《周易·系辞》，是一本关于易学的书籍。

先秦时期的先人们很难用自身的经验解释日常生活中的诸多现象，于是大家脑海中的"真神"由此诞生。真神可降灾祸，赐百福。而《周易》就是与真神沟通的最好方法之一。

《周易》可分为《经》和《传》两部分。《经》主要为占卜之术，包含六十四卦和三百八十四爻，卦有卦辞，爻有爻辞。《传》主要是为卦辞和爻辞进行解释，书中含有《彖辞》《象辞》《系辞》《文言》《序卦》《说卦》《杂卦》等。其中，《系辞》又分为上与下，是《易传》中最为重要的内容。

相传在上古时期，伏羲通过对日月星辰经年累月的观察，发明了先天八卦；后周文王姬昌又通过自身的领悟与经验，

推演出了后天八卦。春秋战国之际，人们对知识的渴求越发强烈，求学风气日渐流行，儒学思想也是当时的新思潮之一。孔子崇古，好述而不作，盛赞《周易》之术，他的弟子们便开始为此书作传，《周易》也慢慢成为世人心中的群经之首。

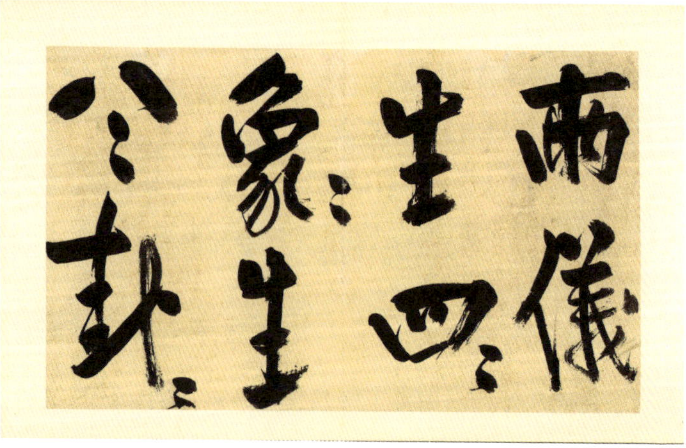

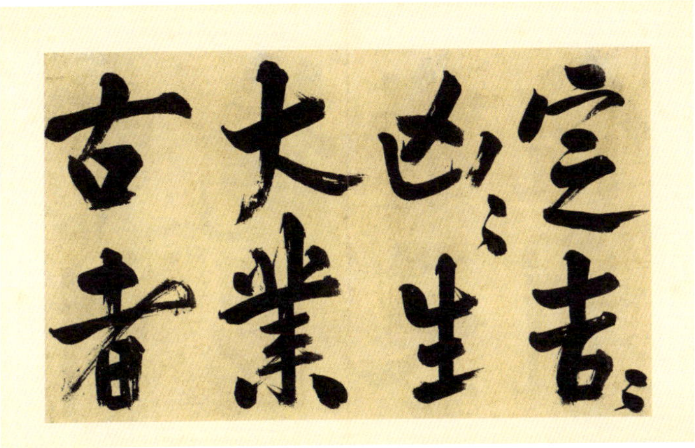

随着儒学队伍的不断壮大，众人对易学有了不同的见解，慢慢形成了两派六宗。

象数派是秦汉时期易学的主流思想。代表人物孟喜和京

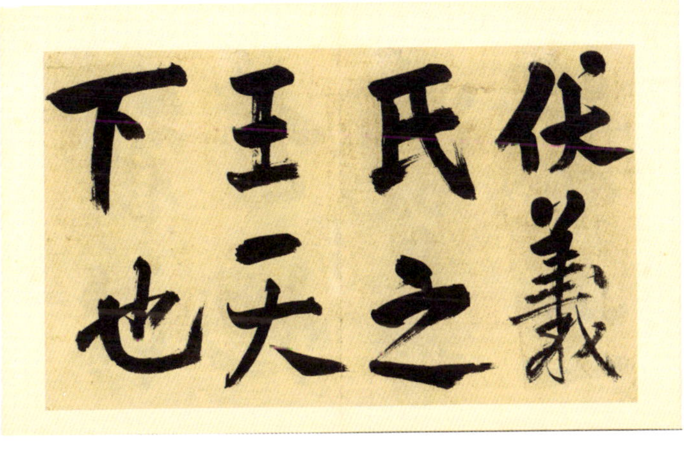

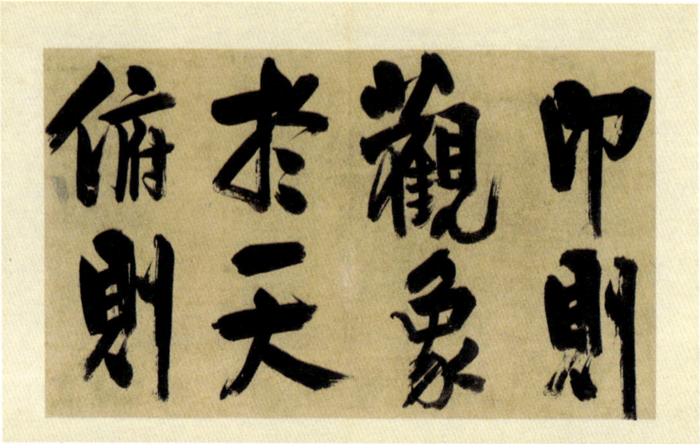

房二人将八卦术法与年时节气相结合，形成卦气之说。

隋唐时期，义理学派是当时的主流。三国时期的哲学家王弼通过对义理的简练解读，探求易学背后的哲理观念。这

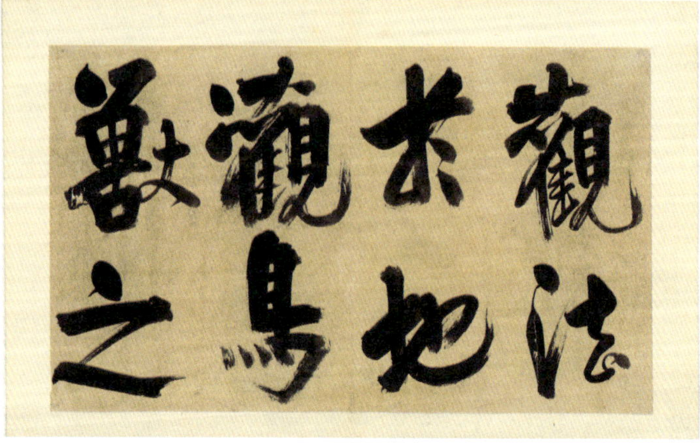

种含有浓厚文人风格的易学主张，被唐代一众易学大师继承下来，因而才有了孔颖达的《周易正义》与李鼎祚的《周易集解》。

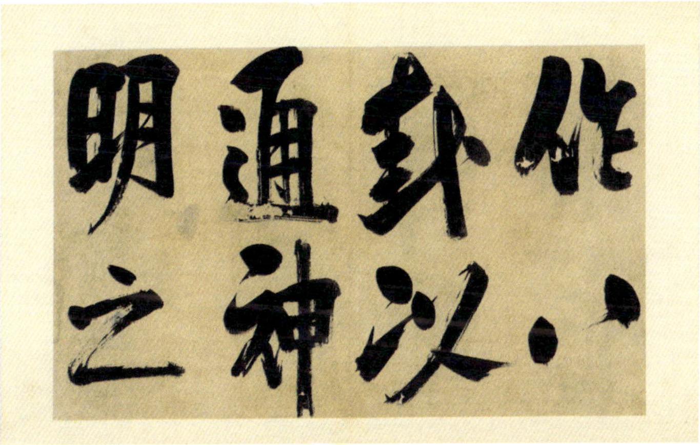

儒学和易学自古以来都有着交融的血缘关系，二者曾唇齿相依，经历了共同的命运。一部易学史，实际上也就是大半部儒学史。儒学借易学立论，易学靠儒学弘扬。宋朝儒学家大胆吸收佛、道两家的思想，革新儒学，创立了理学。南宋晚期，

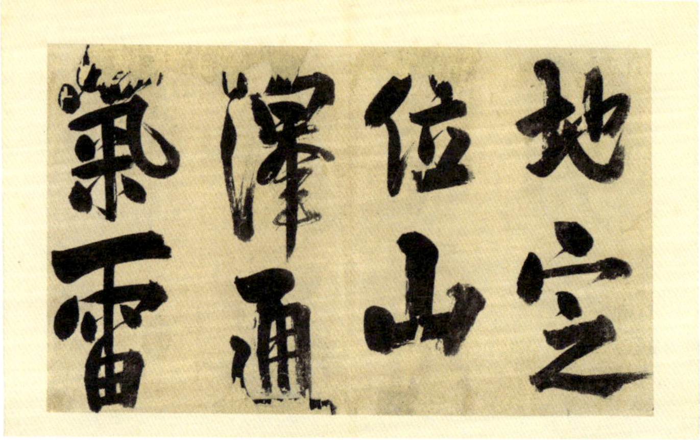

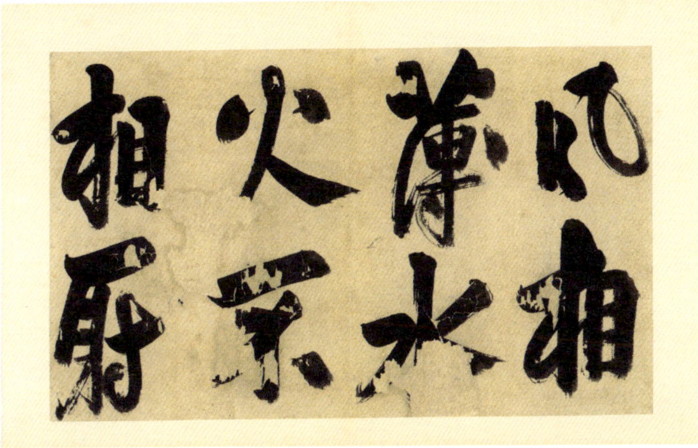

理学成为中国的正统思想，自此影响中国文化数百年之久。

因此，儒学家们往往也精研易学，易学在两宋时期达到了高潮，出现了许多不同的流派。道教大师白云先生陈抟深

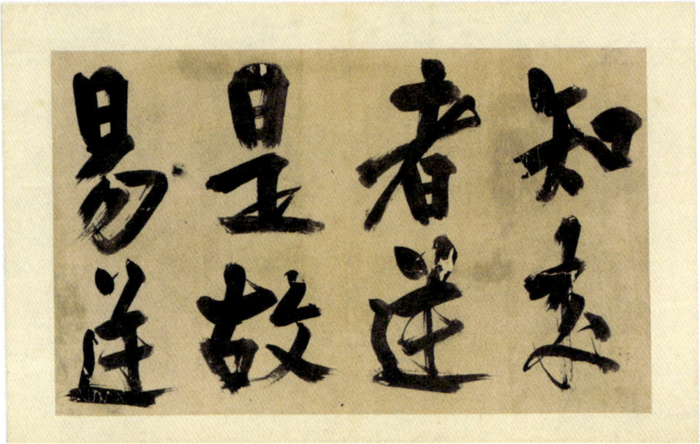

信《周易》中的“河出图，洛出书，圣人则之”一说，提出了用《河图》《先天图》等图书来解释易学的自然无为之道。

受此学派影响，理学大师周敦颐创作了《太极图说》。周敦颐用寥寥 249 字明确地阐述了最初的太极宇宙观。太极即宇宙的本原，万物一阴一阳、一动一静，皆互相转化，和谐而生。

数学家邵雍更是将数学理念与易学结合，认为“天地亦有终始”；万事万物都有周期性和规律性，“一分为二，二分为四，四分为八……”易学在邵雍“数学派”的阐述下，变得更加宏观与科学。

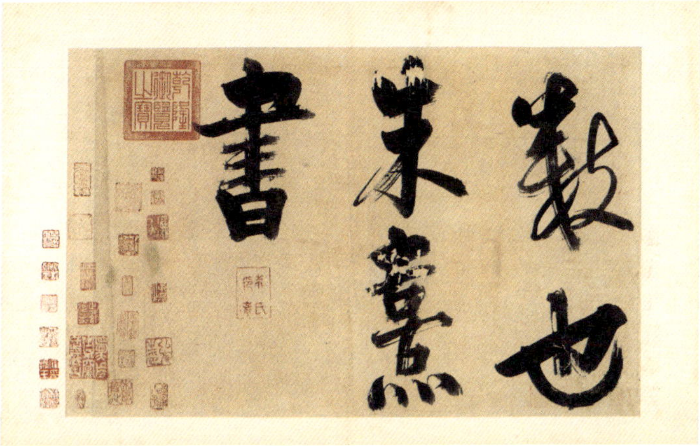

教育家张载则属于“气学派”。他认为气乃天地核心，可使阴阳相克相生，人与物正是在此基础上出现的。

易学对宋人的影响可谓广大，司马光、欧阳修、苏轼、王安石等大文豪，皆是“易学粉丝”。南宋孝宗淳熙十五年(1188)，诗人杨万里开始了漫长的著书时光。十五年之后，一本以人观易、以事说理的《诚斋易传》横空出世。

朱熹是理学思想的集大成者，在理学体系的完善与阐发上有特殊贡献。他承续了“二程”的思想，认为理是存在的基础，物质性的气是第二性的，“理在先，气在后”“虽未有物而已有物之理”(《朱子语类》)。朱熹十分推崇义理一说，他反对佛教和道教中的虚妄思想，认为天地万物都有自己的发展规律，也有它们不同的理和气；他又认为人的欲望在一定情况下，应该被尊重。朱熹还提出儒家经典的“四书”应该成为必读之书。

新观念对人们的生活产生了深远的影响。朱熹的理学思想对后世元、明、清三个朝代影响很大，成为三朝的官方哲学。朱熹自己也形成了比较完善的易学体系，大字行书《易系辞册》是体现朱熹易学思想的一件宝贵遗物。此卷纵 36.5 厘米，横 61.8 厘米，现藏于台北故宫博物院。

卷中大字每列有二，细细观之，浓墨之下显得字字精气神十足。略带飞白的手法彰显了朱熹不俗的书法功底，其运笔极为畅快顺利，一笔一画苍劲有力。一百零二字，字字古朴和谐、简练大气。可见朱熹之字正如他在易学上的成就，胸有成竹且心有乾坤。

文天祥
南宋最后的民族英雄

《木鸡集序卷》 斗鸡风潮

“先生今日又要出门？”

“嗯，定叟兄（张疆）的诗集成了，今日前去作序。”

“那真是不巧，今日城南新铺开张，听说铺子中的斗鸡十分精彩。”

“哦？我正好路过那里，赶早的话，先看上一场。”

“哎！先生走好！”

红日高升，暖意腾腾。整齐的青石板路两边正热闹非凡，东边铺子的王家阿婆张罗着沽酒，西边铺子的刘掌柜吆喝着卖米。再往前走，绸缎庄子内美人谈笑，典当铺子中哭喊连

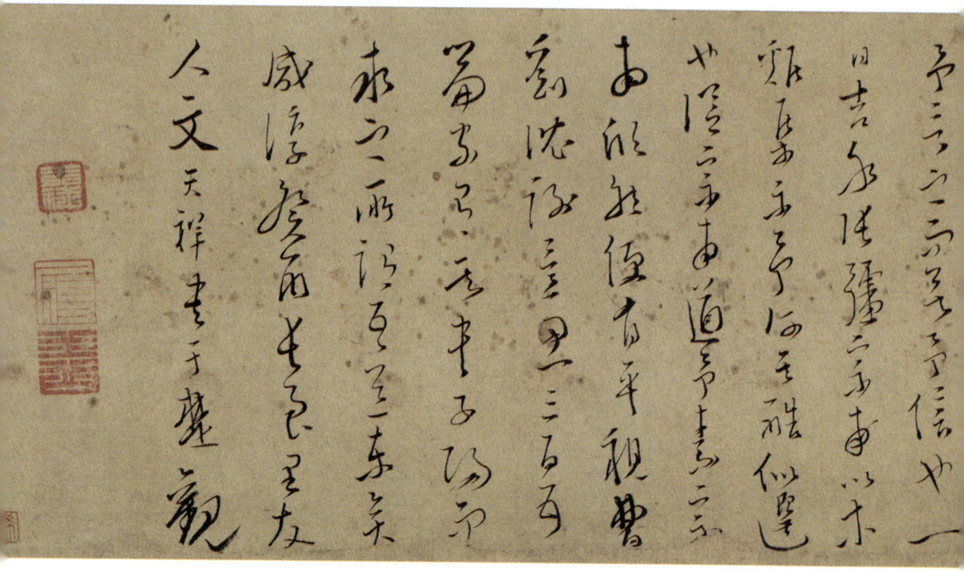

天，还有在勾栏瓦舍吃菜聊天的逍遥客……

文天祥大步流星，全然不顾眼前的喧闹嘈杂。当的一声，锣声响起，街上的人全被吸引了过去。文天祥三步并作两步，终于赶在人群围得水泄不通之前，找到了巷口小儿所说的那家“斗鸡铺”。

斗鸡，可是一件趣事。

前朝贵人间的消遣之乐，被宋人玩到了极致。有人爱斗蟋蟀，有人爱斗蚂蚁，还有人爱斗飞鸟……但这些都比不上斗鸡。

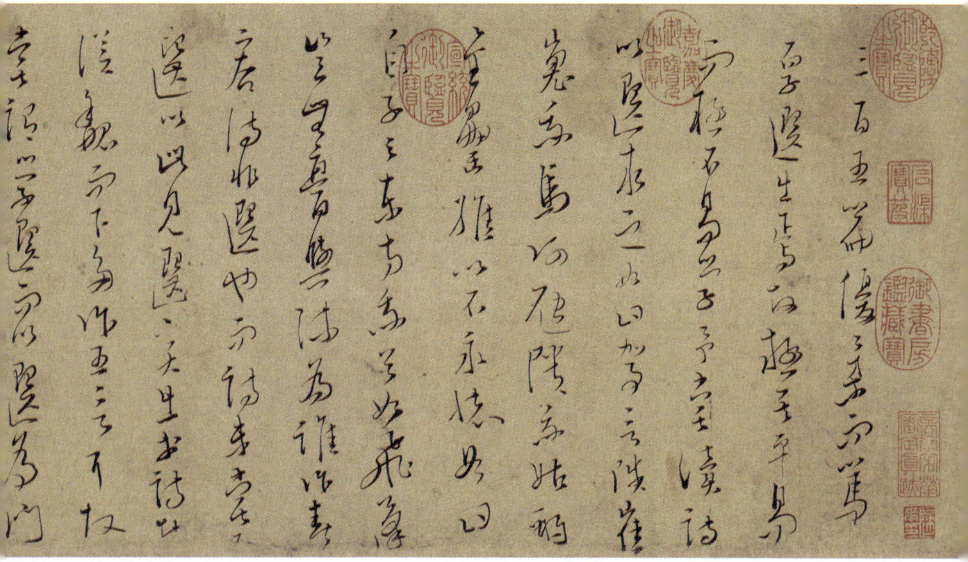

宋人斗鸡，门道极深。首先要对斗鸡精挑细选。其次，选出来的鸡要日日接受“立草墩”训练。草墩面积很小，斗鸡为了保持身体平衡，只能独立。日复一日，待到鸡可长久独立不倒时，“立草墩”就成功了。

给斗鸡喂食也十分讲究。鸡食一定要放在比鸡头高的位置，鸡为了吃到食物，只能不停地昂首、挺胸、振翅。长此以往，鸡自然变得喙尖爪利、高大威猛。此外，有些斗鸡会被残忍地割去鸡冠和尾巴，以保证在参加比赛时更加灵活。

斗鸡比赛十分激烈，一般分为三个回合。第一回合叫作

"初露身手"。这一场下来，较弱的鸡会被主人抱下去稍事休息，喂水安抚。第二回合叫作"卷土重来"。此时斗鸡已经休息好了，双方的优势与劣势有目共睹。主人往往会借此时机调整战略，引导斗鸡战斗。第三回合叫作"生死之战"。此时已经对战两个回合的斗鸡已然疲惫。但为了赢得胜利，它们往往会喙爪并用、振翅盘旋，使出全身解数。一旦其中一只咬住了对方，它绝不会轻易松口。

早在先秦时期，鲁国的达官贵人就开始以斗鸡为乐，消愁解闷。斗鸡在先秦时期的地位极高，在大众的眼中，斗鸡是值得耗费千金的妙事。士人也极爱斗鸡，将其与弹琴击乐等风雅之事并列。

三国时期，斗鸡成为宫廷中的正式比赛。魏明帝曹叡还专门在宫中搭建了"斗鸡台"，浪漫多才的曹植也曾为斗鸡作诗一首："……群雄正翕赫，双翘自飞扬。挥羽激清风，悍目发朱光。觜落轻毛散，严距往往伤。长鸣入青云，扇翼独翱翔……"

到了唐朝，年仅十三岁的贾昌火了。他虽年纪不大，却因为善玩"木制斗鸡"，被爱玩斗鸡的唐玄宗看中，故而召他入宫，专门养鸡。贾昌养的鸡个个健壮勇猛，唐玄宗爱屋及乌，赐予他高官厚禄，贾昌也成了唐朝有名的“神鸡童”。

两宋时期，经济繁荣。宋人最大的特色之一就是爱玩会玩，各种娱乐节目纷至沓来。再加上宋人对节日、庆典的重视，“弄虫蚁”（即驯养动物之术）开始流行。相传在北宋真宗景德年间，交州（今越南北部红河一带）将领黎桓擅长驯象。他向宋朝皇帝进献的几头大象十分听话，被朝廷养在了玉津园中。待到节日庆典之时，这些大象会被带到宣德楼前表演朝拜、山呼，场面气派非凡。

大象虽然有趣，但并非人人都能有条件驯玩。于是作为家畜的鸡就成了宋人的首选。宋人杨延龄曾说：“世人以斗鸡为雄。”由此可见，宋朝的斗鸡之乐，不仅仅是帝王之乐，在民间也颇为流行。

清明前后，春暖花开之季，被严寒窝藏了一冬的宋人纷纷走上街头，斗鸡在此时最为盛行。此时街上的繁闹景象像极了张择端画笔下的《清明上河图》。虽是游戏，但斗鸡的流行，间接地证明了宋人业余生活的丰富。

鸡素来是“德行”的代言人：头戴冠者，一德文也；足搏距者，二德武也；敌在前，敢斗者，三德勇也；见食相呼者，四德仁也；守夜不失者，五德信也。文武双全、勇猛仁义的守信之鸡，在宋朝的地位很高。

文天祥也对鸡情有独钟。他在为好友张疆的诗集作序时，用“呆若木鸡”来赞美张疆。木鸡安静之时，不露声色，像一根木头一样，看似呆傻。然而，一旦吹起战争的号角，木鸡就会使出平时休养生息之时保存下来的全部能量，奋不顾身、全力以赴，直至战争胜利。活脱脱一副“不动声色干大事”的模样！

这卷纵 24.5 厘米，横 96.9 厘米，现藏于辽宁省博物馆的《木鸡集序卷》，也能显露出文天祥的雄心壮志。

南宋理宗宝祐四年（1256），文天祥进士及第，年 20 岁。

南宋德祐元年（1275），元军攻打宋朝，文天祥散尽家产背水一战。

南宋景炎二年（1277），元军攻占江西多地，文天祥势单力薄败退广东一带。翌年，文天祥被元军围在了五坡岭，整整做了 4 年俘虏，宁死不屈。

元至元十九年（1282），文天祥英勇就义，年 47 岁。

身似沧海一粒粟，心怀家国山与川。文天祥用自己的生命书写着赤血丹心。这卷《木鸡集序卷》由草书书写。他受北宋书法四大家的影响，运笔优雅从容、纤细灵动。篇幅布局以纵向为主，字距小而行距大，匀称整齐。此卷字迹张弛有度、收放自如，潇洒中带着雅致。字有方有圆，但方从于圆，圆含于方，字里行间透出一股浓浓的阳刚气息与正义之感。

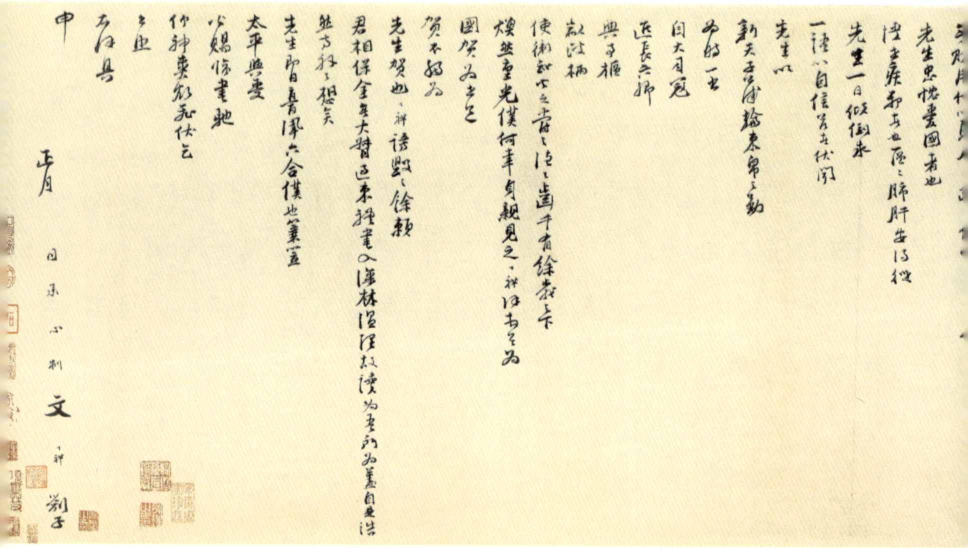

《上宏斋帖》未能实现的理想

南宋理宗宝祐四年（1256），二十岁的文云孙去参加科举考试。在殿试这一环节，他以“法天不息”为主旨，文笔非凡，笔翰如流，万余字仿佛一气呵成，引得朝堂百官们赞不绝口。宋理宗日日高坐于大殿之上，繁琐的朝政常常使他觉得索然无味，当他读到这份答卷，却又涌起内心深处的豪情壮志，于是，当场将文云孙选为进士第一。

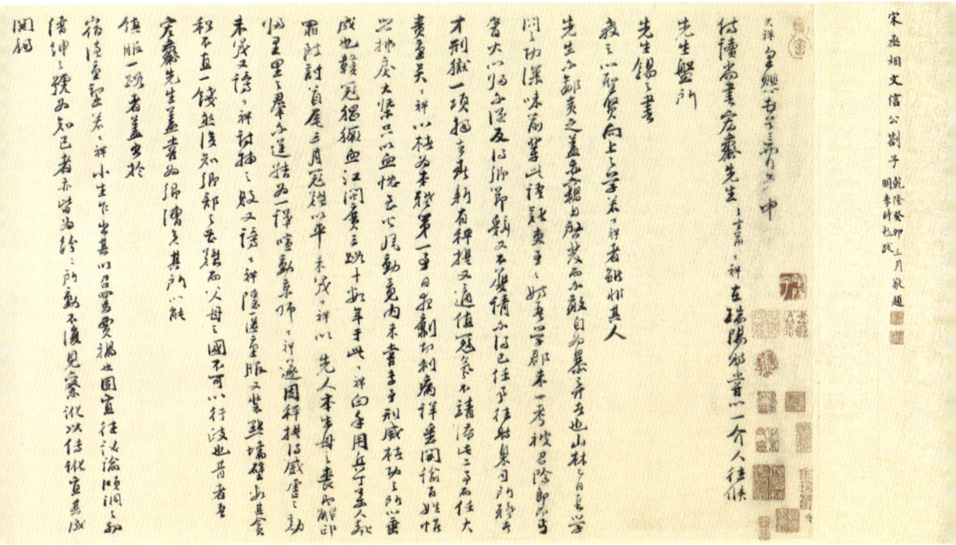

文云孙喜悦之下，感念天恩，同时也为表达自己保家卫国的雄心壮志，便更名为文天祥。然而文天祥不曾想到的是，他宏大壮阔的理想，在日后变成了一地碎片。

南宋理宗开庆元年（1259），蒙古军团兵分三路攻打南宋，宋理宗的贴身内侍董宋臣建议迁都避战。迁都一事，十分耗费人力、物力和财力，而战时正是用人用钱之际。迁都，怎能轻而言之？靖康之变后，北宋灭亡，北宋朝廷遗留下来的赵氏血脉，在一众旧臣的支持下建立起了南宋，定都临安（今杭州），距今不过百余年而已。董宋臣建议一出，朝中的文武

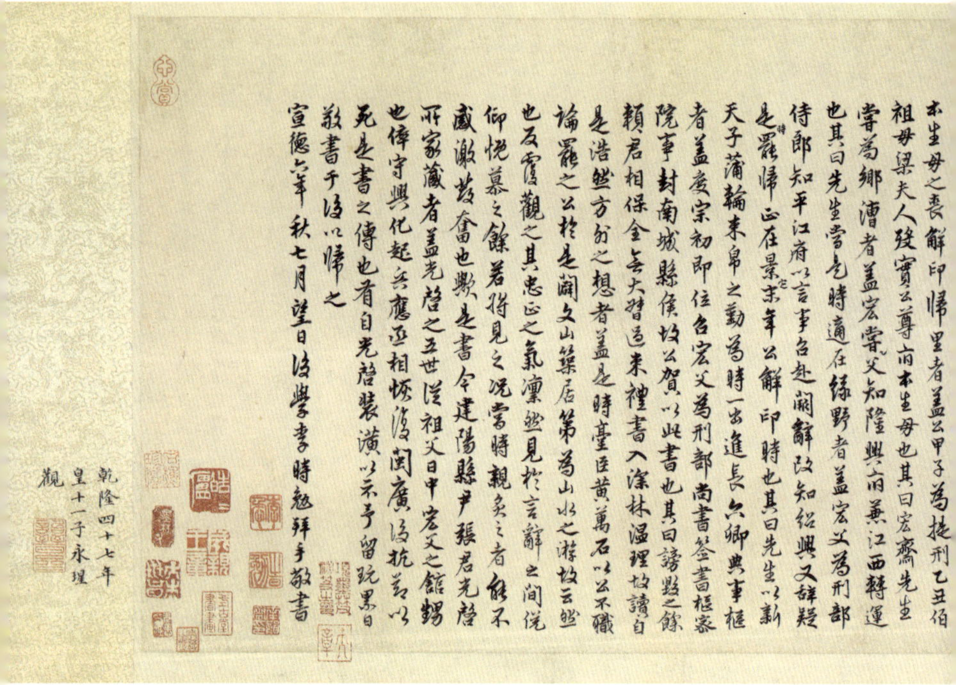

百官心中甚是不服，可无一人敢驳斥董宋臣的建议。

究其原因，董宋臣可不是一般人。他虽是宦官出身，却得了近身伺候官家的利，甚得宋理宗欢心，因此有了通天的权力，常对朝野之事指手画脚。而今文天祥正当年轻气盛，生性耿直的他对朝堂中的门道摸得并不透彻。他仅凭着一腔热血，在满朝文武无人反驳之时，独自上书宋理宗，请求杀掉董宋臣。

董宋臣此时正平步青云，权势滔天，文天祥怎能如愿？董宋臣凭着自己的三寸不烂之舌，再加上宋理宗的信任，令宋理宗很快就驳回了文天祥的请求。文天祥眼见宦官当道，顿感朝廷无望，一怒之下辞官回乡。然而，时局紧迫，急缺人才的南宋朝廷，仍任命文天祥担任官职，甚至做到刑部侍郎。但是文天祥心里明白，任职朝中并不能改变局势，加之实在不愿与董宋臣同朝，文天祥便向官家请求前往江西任职。想来，文天祥此举也十分无奈。理想被现实打败，他只能到外任职以逃避。

宋理宗子嗣不旺，无奈之下，只能将侄子赵禥立为太子。赵禥是荣王赵与芮的儿子，自小体弱多病。荣王遍请名医，却无法根治。朝中大臣虽极力反对立赵禥为太子，可除了他之外，并没有其他合适人选。

南宋景定五年（1264），宋理宗带着遗憾离世，宋度宗赵禥顺利继位。虽没了董宋臣，却出了宰相贾似道。贾似道摸准了赵禥的脾性，日日投他所好，很快便取得了赵禥的信任。自此，贾似道掌管朝堂内外，只手遮天。

一年之后，而立之年的文天祥，同时收到了两个好消息：一是自己任湖南提刑一职的文书已经下达；二是他内心敬仰的中正之士包恢受到重用，晋升为刑部尚书、签书枢密院事。包恢是包拯的九世孙，包氏一脉多出清廉之官。包恢自小耳濡目染，正直清廉。新帝登基，重用包恢，文天祥重新看到了希望。不久前，蒙古军团已经攻占济南、益都等城，向南挺进。此时的他迫切渴望朝堂一改之前风气，团结一心共抗蒙古大军。

内忧外患让文天祥急躁不安。他既想上阵杀敌，又十分痛恨权力滔天的贾似道。故在听闻包恢晋升的消息后，难掩心中激动之情，写下了这卷《上宏斋帖》。此帖虽写祝贺包恢晋升之事，实则阐述时局动荡，表达自己心中的焦虑与不满。

《上宏斋帖》纵 39.2 厘米，横 149.9 厘米，共 53 列 747 字，现藏于北京故宫博物院。文天祥行书，笔力遒劲，古朴典雅，布局疏朗清爽，字迹隽古俊秀。一笔一画坦荡从容，皆显现出文天祥的浩然之气。

细细读来，文天祥内心的不安跃然纸上。他时而急躁，时而舒缓，在浓浓的希望之中又好像带着无尽的绝望。的确如此，在动荡不安的局势中，满腔热血的文天祥不断被奸佞打压，一腔热血的初心早已被现实磨灭殆尽。可叹繁华三百余年的大宋，最终消失在战火中。

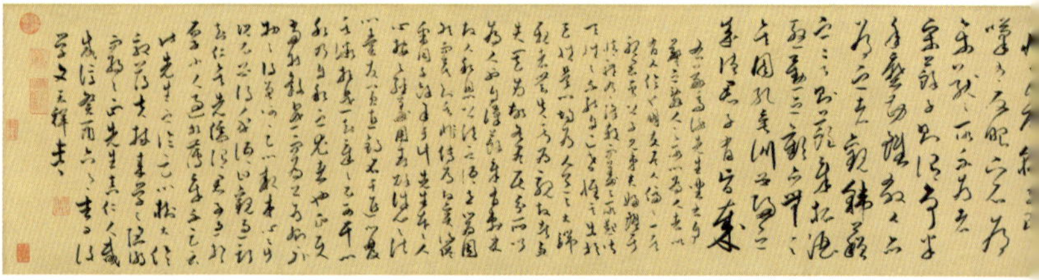

《谢昌元座右自警辞卷》 末日抉择

南宋末年，辉煌了三百多年的大宋王朝岌岌可危。此时朝廷腐败，敌军凶猛，战火不断，官民之心日渐绝望……

襄阳被困 吕文焕投降

南宋度宗咸淳九年（1273），二月的天气异常寒冷。吕文焕站在襄阳城墙上，驻足远望。一水之隔的樊城最终没能抵得住元军的铁骑，已于不久前失陷，且全城被屠。城墙外面是白茫茫的寒雾，弥漫而来的却是望不见的腾腾杀气。吕文焕心里十分清楚，数十万之多的元军此时就藏在这片寒雾之后。

襄阳地处秦岭山地与江汉平原之间，既与樊城隔水相望，又有连绵高山包围，地势险要，易守难攻。不过，以游牧

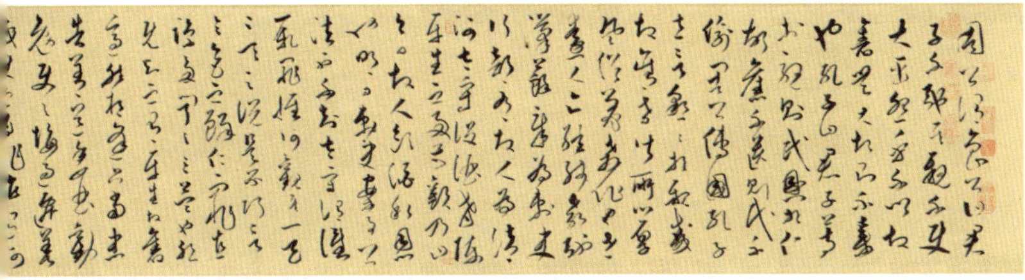

为生的蒙古人却耐心十足。他们五年前的冬天便驻扎在襄阳城外，修路建城，控制水、陆两路，过起了逍遥日子。

思至此处，吕文焕更觉无奈。冰凉的盔甲上寒气逼人，花白的束发有些凌乱，胡须更是邋遢。这几年，尽管他不断出击，可最终都以失败告终。张世杰、夏贵等几位大将曾数次前来救援，可还未见到他们的兵马，失败的消息就已传来。冒险运送物资的张顺、张贵两兄弟，更是惨死在元军刀下。如今，眼见城中兵力一再减少，再困下去，必死无疑。

尽管已经到了危急存亡之秋，朝廷却依然天真地认为襄阳城墙坚固无比，元军绝不会攻破，朝廷的援军杳无音信。绝望，除了绝望还是绝望。吕文焕扫了一眼蜷缩在城墙边的士兵们。他们大部分不是拖家带口之人，就是刚成年的孩子，全都脸色惨白。吕文焕实在不想襄阳百姓遭受和樊城一样的屠城之痛，他深深叹了一口气，想起了前日忽必烈劝降之言："尔等拒守孤城，于今五年，宜力尔主，固其宜也。然势穷援绝，如数万生灵何？若能纳款，悉赦勿治，且加迁擢。”

吕文焕思虑良久，眸光猛地收紧，匆匆走下城墙。他看着城中的万千将士，拱起双手，鞠躬一拜，便命人打开了城门。战士们同这位孤将一样内心波澜起伏，纷纷放下长枪短刀，侧立道路两旁，等待着蒙古兵马的到来……

书《自警辞卷》以文明志

吕文焕献城投降的消息很快传了出去，谢昌元闻后很是惊愕悲痛，他忆起南宋度宗咸淳四年（1268），蒙古大军南下围困襄阳之时，官家得到消息后心急如焚。可权势通天的贾似道却欺上瞒下，说敌军早已退去，并斩杀了传出消息的宫女。百官只能对此事讳莫如深。

现在，谢昌元年已六十，他浑浊的眼中爬满了气愤与忧虑，脑海中似有千军万马奔腾而过。想及先秦圣贤良言，思至汉官苏章开仓放粮、救济百姓时的勇毅之举，谢昌元暗下决心，以文明志，写下了《自警辞卷》。

文天祥在读这卷文字时，恰好在湖南任职。此时的谢昌元因在湖南办学修城、筹集善款一事名声大噪，文天祥对他钦佩有加，难抑激动之情。在征得谢昌元同意后，他在卷后写道："右，敬斋谢先生座右自警之辞……"

文天祥书写的跋文 281 字皆用草书挥就，运笔技法收放自如，字体灵动自然。中锋气势磅礴，一笔一画间透露出一股疏朗大气的文人气息，尽显文天祥豪迈奔放的性格。

南宋景炎二年（1277），浩浩荡荡的元军已经攻克南方多处城池，南宋朝廷如风中芦苇般摇摆不定。施州（今湖北恩施一带）将领谢昌元率部队与蒙古士兵展开激烈对抗。战争持续多日，死伤惨重，弹尽粮绝。

鲜血从谢昌元苍老颓废的脸上滴落，空气中满是绝望的气息。他看着此时已快要失去斗志的将士，最终紧闭双眼，双手一挥，投降了。七月闷热至极，日光照向悲惨的大地，却无法温暖谢昌元寒凉的心。

投降，是他之前从未想过的事。可面对风雨飘摇的江山，他无法狠心舍下无辜百姓的性命。元军将领骑着骏马意气风发，昂首挺胸行至谢昌元面前下马。他命人将手中的诏书拿给谢昌元。谢昌元打开一看，发现这是一封任命"预议中书省事"的诏书。他诧异地看了许久，将诏书匆匆塞进残破的盔甲之中。

报国而死 英雄落幕

南宋景炎三年（1278）十二月的广东依旧温暖。文天祥站在五坡岭（今广东海丰）上看着眼前的大好河山，想到这片美景今后怕是再也欣赏不到了，他热泪盈眶。他一生以保家卫国为己任，如今却落得部将尽死、妻儿下落不明的悲惨境地。此情此景，被困的文天祥虽有心杀敌，却无力回天。

一路辗转，多日奔波，被押解的文天祥最终被押解到元大都（今北京）。凄冷阴暗的牢房中，哀怨悲鸣之声不绝于耳。文天祥一脸淡然，他早已将生死置之度外。看守大牢的狱卒汉人模样，对文天祥毕恭毕敬，道："大人，好死不如赖活着。小的听闻谢昌元大人与张弘范大人，已联合数十位官员学者，上书请求饶大人一命。"

"谢昌元？呵呵……"冷笑之后，文天祥无话可说。他望着幽暗牢房中唯一有光亮透进来的窗口，想起了陈年往事。彼时的谢昌元，被文天祥视为英雄豪杰，在《谢昌元座右自警辞卷》卷尾之处，他更赞谢昌元为"真仁人也"。如今的谢昌元，无视那些惨死的同胞，跪伏在敌人脚下，不仅自己苟活，还打算替他向敌人请求饶命。

想到这里，文天祥冷笑一声，暗自下定决心，绝不苟活……

囚于大都三年后的至元十九年的十二月初九，文天祥被押赴刑场。“吾报国至此矣！”一话刚落，世上再无文天祥，只有这卷《谢昌元座右自警辞卷》静默地看着沧海桑田。

注:《谢昌元座右自警辞卷》，草书，纵 36.7 厘米，横 335.7 厘米，现藏于中国国家博物馆。全卷共 71 列 596 字，其中，谢昌元文 44 列 315 字，文天祥跋文 27 列 281 字。

责任编辑：刘　波　鲁嘉颖
装帧设计：李腾月
责任校对：王君美
责任印制：汪立峰　陈震宇

图书在版编目（CIP）数据

藏在文物里的两宋史 . 书法碑帖篇 / 南宋书房著
. -- 杭州 : 浙江摄影出版社 , 2024.7
ISBN 978-7-5514-4764-5

Ⅰ . ①藏… Ⅱ . ①南… Ⅲ . ①中国历史 – 宋代 – 通俗读物②汉字 – 法帖 – 中国 – 宋代 Ⅳ . ① K244.09
② J292.25

中国国家版本馆 CIP 数据核字 (2023) 第 233748 号

CANG ZAI WENWU LI DE LIANG SONGSHI. SHUFA BEITIE PIAN
藏在文物里的两宋史 . 书法碑帖篇
南宋书房　著

全国百佳图书出版单位
浙江摄影出版社出版发行
地址：杭州市环城北路 177 号
邮编：310005
电话：0571-85151082
网址：www.photo.zjcb.com
制版：壹品设计工作室
印刷：杭州捷派印务有限公司
开本：889mm × 1194mm　1/32
印张：8.5
字数：143 千
2024 年 7 月第 1 版　　2024 年 7 月第 1 次印刷
ISBN 978-7-5514-4764-5
定价：78.00 元